LA PROCHAINE

Guerre

Franco-Allemande

OUVRAGE TRADUIT AVEC L'AUTORISATION DE L'AUTEUR

par ERNEST JAEGLÉ

Professeur à l'École spéciale militaire de Saint-Cyr.

PARIS

LIBRAIRIE J. DESTRÉE | G. HINRICHSEN, ÉDITEUR
7, RUE DU CROISSANT | RUE JACOB, 22

1887

LA

PROCHAINE GUERRE

FRANCO-ALLEMANDE

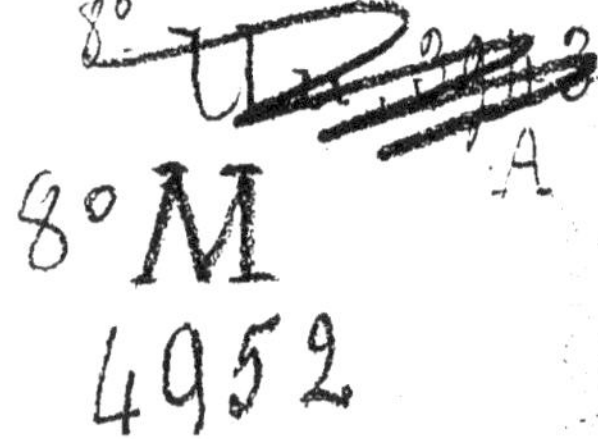

CORBEIL. — IMPRIMERIE B. RENAUDET

LIEUTENANT-COLONEL C. KOETTSCHAU

LA PROCHAINE
GUERRE
FRANCO-ALLEMANDE

OUVRAGE TRADUIT AVEC L'AUTORISATION DE L'AUTEUR

Par ERNEST JAEGLÉ

Professeur à l'École spéciale militaire de Saint-Cyr.

PARIS

LIBRAIRIE ILLUSTRÉE   W. HINRICHSEN, ÉDITEUR
7, RUE DU CROISSANT   RUE JACOB, 22

1887

PRÉFACE

En 1870, nos voisins de France constataient que l'Allemagne resta longtemps muette devant leurs provocations.

« Les échos du Rhin allemand demeurent muets ; si la Prusse avait tenu vis-à-vis de nous le langage que tient la France, il y a beau temps que nous nous serions mis en route. » (Le Pays, 8 juillet 1870.)

Après la défaite, les cris de guerre se sont tus, mais bientôt ils reprirent de plus en plus fort. A cette heure, ils sont si bruyants et si menaçants que, forcément, ils trouvent de nombreux échos. Notre silence, en effet, pourrait être mal interprété.

Notre caractère est ainsi fait, à nous autres Allemands, que nous traitons les questions de ce genre tout autrement que les Français. Volontiers nous nous contenons, nous nous contentons de hausser les épaules quand les Français, ce peuple *si vif et si curieux à étudier, se fâchent et se surexcitent.*

Mais il arrive un moment où l'on ne saurait garder davantage le silence, et ce moment est arrivé.

En 1871 la hache de guerre a été enfouie, mais le manche sort encore du sol ; le calumet de paix, on ne l'a point fumé. Notre grand chancelier a cherché en bien des occasions à en allumer un ; il s'est aussitôt éteint.

Nous ne nous en réjouissons pas ; nous le déplorons même du plus profond de notre cœur. Nous sommes des gens bénins ; bien que nous ayons bonne poigne, nous aimons à vivre en paix avec le monde entier ; nous avons même un faible pour notre voisin de l'ouest ; c'est ainsi que, dans les familles où il y a beaucoup d'enfants, les frères et les sœurs aiment mieux le plus polisson de la bande ; quand finalement ils ont dû lui donner une bonne bourrade, ils en sont marris et de bon cœur ils lui tendent la main.

Mais lui ne pense qu'à se venger.

S'il y avait le moindre espoir que la haine du peuple français pût s'atténuer, que ce peuple pût envisager avec plus de sang-froid la question allemande, que peu à peu il s'établît entre les deux nations des rapports tels qu'ils doivent exister entre des peuples aussi civilisés, on pourrait patienter et espérer, malgré toutes les expériences si pénibles faites jusqu'ici. L'espérance, en effet, transfigure le présent, quelque sombre qu'il soit, de son éclat céleste.

Mais, hélas! nous ne saurions nourrir de tels espoirs. Les partis qui prêchent et exaltent la haine de l'Allemagne voient journellement grandir leur influence en France, et le moment n'est pas éloigné où la lutte s'engagera. Si l'Allemagne se montrait indulgente et bienveillante, nos ennemis y verraient l'aveu de notre faiblesse; nous nous nuirions à nous-mêmes en agissant de la sorte.

Le 26 février 1871, on signait à Versailles la paix qui fut ratifiée le 2 mars de la même année. L'article Ier de cette paix a la teneur suivante :

« La France renonce en faveur de l'Empire allemand à tous ses droits et titres sur les territoires situés à l'est de la frontière ci-après désignée...

« L'Empire allemand possédera ces territoires à perpétuité en toute souveraineté et propriété... »

Or, pendant de longues années, le gouvernement français a laissé se continuer sous ses yeux des menées qui avaient pour but de détacher ces territoires de l'Empire allemand; il a toléré que la presse française parlât sans cesse de ces revendications, il a permis qu'elles figurassent dans les discours publics de fonctionnaires haut placés. Cela ne constitue-t-il pas une atteinte à ce traité?

Devons-nous attendre qu'on nous adresse une provocation plus directe encore ?

Bien des Allemands, à la vérité, se disent que nos armements, si grandioses et si imposants, nous pèseront d'autant moins qu'ils paraîtront de toute évidence plus nécessaires, que la danse guerrière à laquelle on se livre en France est et restera une amusante mascarade, bonne à préoccuper quelques cerveaux surexcités ; on se dit que la grande masse, en France, est parfaitement raisonnable ; que les Français, en bons patriotes, déplorent, il est vrai, profondément l'issue qu'a eue la dernière guerre, mais qu'ils ne songent nullement à nous assaillir une seconde fois.

C'est là une bien grande erreur.

Les faits sont là qui prouvent que la majorité des Français, de ceux, bien entendu, qui influent sur l'opinion publique, projettent une guerre de vengeance contre l'Allemagne. Les faits sont là qui prouvent que ce projet, conçu dès avant la signature de la paix de 1871, se trouve, après qu'on a travaillé à le réaliser, sans jamais se lasser, sans reculer devant aucun sacrifice, prêt à être mis à exécution, et que si l'Allemagne continuait à hausser en souriant les épaules, elle serait présomptueuse, elle serait insensée.

C. KOETTSCHAU.

Wiesbaden, le 19 octobre 1886.

LA
PROCHAINE GUERRE

FRANCO-ALLEMANDE

I

LES ÉCRITS ET L'ARMÉE DE LA REVANCHE

Tout ce qui s'imprime dans les journaux français sur les rapports entre la France et l'Allemagne respire la haine.

Non seulement on ne laisse passer aucune occasion de répéter que la France a subi ce qu'on se plaît à appeler une mutilation et de bien faire voir la nécessité de la revanche, on fait plus, on s'ingénie à faire naître ces occasions.

Les journaux de tous les partis entretiennent l'idée de la revanche; entre ces organes, il n'existe aucune différence quant au fond, il n'en existe que sous le rapport de la forme. Les journaux rouges, en vrais gamins de Paris, nous montrent carrément le poing ; la presse modérée traite le même sujet avec quelque réserve, mais elle n'en sait que mieux où elle veut en venir. Certains auteurs allemands ont établi toute une anthologie de ces propos.

Certes, on pourra attribuer bon nombre de brochures que l'on a écrites en France sur la question allemande à la manie de vouloir produire de l'effet, manie développée en France plus encore qu'ailleurs. Mais, tout dernièrement, il a paru deux livres qui méritent tout spécialement d'attirer notre attention, vu que les deux ont pour auteurs des militaires. Or, dans la sphère à laquelle appartiennent ces messieurs, on a déployé jusqu'à ce jour une activité des plus grandes et dont on a soigneusement caché les résultats aux yeux de l'étranger.

Est-il nécessaire, est-il utile d'entourer de mystère tout ce qui touche à l'organisation militaire ? Les avis à cet égard sont partagés.

Tout d'abord la publicité si étendue s'oppose à ce qu'on tienne secrètes bien des choses. En outre, bien des renseignements ne présentent aucun intérêt pour les étrangers et dès lors il n'est pas besoin de les tenir secrets.

Les journaux sont lus à l'étranger aussi. On

apprend par eux la promotion de tous les officiers, le changement de garnison du moindre
corps de troupe, l'étendue de ses champs de
manœuvres, la construction de tel fort, etc.
Pour des questions de ce genre, on n'a besoin
de détails qu'en une certaine limite; au delà de
cette limite, les autorités compétentes, et cela
dans le pays même, sont seules au fait. Mais
tout ce qu'il importe réellement de savoir, on le
trouvera dans les journaux et les écrits des
différentes nations, sans qu'il soit besoin d'avoir
recours à des espions.

Le 24 juillet 1870, on porta à la connaissance
des troupes allemandes un ordre de bataille de
l'armée française qui se trouvait conforme à la
réalité, à quelques légères erreurs près, telles
qu'en entraîne immédiatement toute promotion
à un grade plus élevé le décès de tout officier
supérieur. Or, cet ordre de bataille avait été
établi exactement par un officier d'état-major
allemand, malgré la difficulté que devait trouver
l'esprit même le plus aiguisé à démêler l'effroya-
ble pêle-mêle des masses françaises non encore
mobilisées, concentrées sur la frontière et rece-
vant en même temps leurs réserves.

C'était un chaos et pourtant on était parvenu
à y voir clair sans le secours des espions.

L'état-major allemand avait calculé l'effectif des troupes françaises entrant en campagne en 1870 et capables de prendre part aux opérations. Il se trouva que les calculs étaient exacts et correspondaient à l'effectif réel constaté par après. Il y avait des différences minimes, mais, en pareil cas, cela n'a aucune importance.

Nous citerons d'autre part un exemple qui prouvera que la connaissance de l'organisation militaire des ennemis pourra même être nuisible au lieu d'être utile. Nous choisirons l'institution des volontaires d'un an. En Allemagne, on s'y est fait; on en obtient de bons résultats; la France nous l'a empruntée, mais cette institution est devenue néfaste à l'armée; pour la nation tout entière, ç'a été une pomme de discorde, car tous ne voulaient plus passer qu'une année sous les drapeaux, les examens étaient la risée publique et donnaient à l'armée une masse de volontaires qui, dans les meilleures garnisons, déparaient la troupe.

Si donc il n'est pas possible de garder le secret autant qu'il le faudrait, on y renoncera totalement, ou bien on se bornera à n'envelopper de mystère que certaines parties; on agira surtout de la sorte si, en les voulant tenir cachées, on entravait plus le service qu'on ne ferait de tort à l'ennemi.

Nous disons cela surtout pour l'organisation militaire en temps de paix. Qui que ce soit peut acheter l'annuaire de l'armée allemande et se réjouir, ou bien se fâcher du nombre de nos régiments.

Il en sera tout autrement de l'organisation militaire en vue de la guerre. Pour la plupart des choses qui y ont trait, il en sera comme des cartes couvertes du jeu de guerre. Cette organisation, il est vrai, ne pourra pas être tenue absolument cachée dans ses grandes lignes, mais il y a une foule de choses qu'il sera facile de tenir secrètes. Or, quand on en viendra à l'action, il pourra en résulter pour l'ennemi des surprises fort désagréables.

Ce qui n'est qu'à demi achevé, on l'entourera d'un mystère bien plus profond encore que ce qui est définitif, car on ne peut pas encore en faire usage, on n'en peut espérer une résistance solide. Et ce que nous disons là s'appliquera tout autant aux créations nouvelles de troupes qu'aux nouveaux modèles des armes à feu ou à la construction de forts.

On a donc tout lieu d'être surpris qu'un certain

nombre d'officiers français (1) aient, avec ou sans l'autorisation de leurs supérieurs, dévoilé l'organisation de l'armée française en vue de la guerre. Il y a un intérêt général à étudier de plus près les motifs de cette action et à examiner les données fournies par ces messieurs sous le rapport de leur exactitude et de leur valeur précise.

Le plus important des deux ouvrages dont nous voulons parler a paru en premier lieu. Il est intitulé : « *Avant la bataille* ». C'est un recueil de renseignements fournis par des auteurs anonymes qui ont dédié leur livre à la Ligue des Patriotes, cette ligue qui depuis fort longtemps prêche ouvertement guerre de vengeance contre l'Allemagne.

C'est un ouvrage fait avec soin et comprenant plus de cinq cents pages. Le but principal qu'il poursuit est, nous dit-on, de rétablir la confiance des Français en leur armée, et ce but, le livre l'atteindra auprès de la majeure partie de la population.

En France, en effet, les paroles sont souvent

1. Les contradictions nettement tranchées qui se rencontrent dans différentes parties de l'ouvrage ne permettent pas d'admettre un auteur unique, quoique ce soit là l'opinion la plus répandue dans le public.

bien plus efficaces que les faits, et l'apparence exerce une action plus grande que la réalité toute nue.

Les Français, même les plus clairvoyants, ont, en 1870, volontiers ajouté foi à la parole du ministre de la guerre, maréchal Lebœuf : « Nous sommes archiprêts », plutôt que d'écouter les avertissements du baron Stofel qui, lui du moins, était bien informé. Le « cœur léger » si connu du ministre Ollivier a toujours ses pareils en France, il en a plus peut-être aujourd'hui que jamais.

Nous agirions donc tout à fait à la légère si nous faisions trop peu de cas de l'effet produit par le livre dont nous nous occupons. A la vérité, nous y relèverons bien des exagérations, bien des passages où les auteurs voient les choses trop en beau, mais on n'en devra pas moins tenir grand compte de ce qui constitue l'essence même de l'ouvrage.

Le second livre dont nous voulons parler, le moins considérable des deux, a pour titre « *Pas encore* ». C'est une critique du premier, écrite au courant de la plume ; mais il nous faudra l'étudier avec plus d'attention encore parce qu'il a été composé sinon sur l'ordre, du moins avec l'assentiment du ministre de la guerre actuel, le général Boulanger, et qu'on peut, à bon droit, le considérer comme émanant d'un officier en activité de service.

Dès lors, nous croyons qu'il y a intérêt à donner au grand public allemand un aperçu d'ensemble succinct de ces deux ouvrages.

Placez en face l'un de l'autre ces deux titres : *Avant la bataille* et *Pas encore* et du coup vous verrez aussi les deux grands partis dont ils sont le mot de ralliement.

Le premier de ces deux partis juge que la France est actuellement suffisamment armée pour attaquer l'Allemagne ; fièrement, il montre les quatre millions de baïonnettes et les six mille pièces de campagne qui l'anéantiront.

L'autre parti est, à la vérité, parfaitement d'accord avec le premier sur ce point qu'il faut attaquer l'Allemagne ; selon lui aussi, Metz et Strasbourg devront être reconquis et cela « à bref délai », pour cela il n'y a qu'un moyen : « la force » ; mais les hommes de ce parti comptent que certaines complications — internationales ou révolutionnaires — faciliteront grandement la chose, qu'elles la faciliteront à tel point que ces deux places fortes pourront être reprises sans qu'il en coûte une goutte de sang. On compte pour cela sur la mort de certains d'entre nos grands hommes, sur les sentiments de confraternité de nos anarchistes, sur le concours bienveillant de la noblesse polonaise, sur le bras puissant du czar blanc.

Dans l'attente de ces éventualités heureuses, on préparera tout pour ramener la victoire aux drapeaux français, car la future guerre sera une lutte à la vie, à la mort; les deux nations se porteront des coups allant droit au cœur. — Être, ou n'être pas : telle sera la devise.

J'ai mis en vedette ces épanchements virulents des auteurs français pour bien montrer qu'ils sont des hommes exaltés; mais je ferai remarquer en même temps que cette manière passionnée de traiter les affaires les plus importantes qui, pour les particuliers et la nation tout entière, sont des questions vitales, ne constitue pas l'exception, mais bien la règle en France. Il nous faut donc bien tenir compte de cette disposition d'esprit spéciale à nos voisins.

En 1870 non plus les orateurs de l'opposition en France ne contestaient la nécessité de conquérir la frontière du Rhin; ils trouvaient simplement qu'on choisissait mal le moment pour s'en emparer, ils craignaient qu'on ne commît une nouvelle faute après celle dont on s'était rendu coupable en 1866.

1.

C'est un devoir pour l'Allemagne de suivre avec attention le dévoloppement de ces partis en France.

Jadis nos ancêtres laissaient aux Romains le choix du champ de bataille, ils avaient grand tort. Depuis lors nous avons appris bien des choses, nous préférons choisir nous-mêmes ce champ de bataille et de plus l'heure de la lutte.

L'auteur de « *Pas encore* », s'adressant au ministre de la guerre, déclare qu'il est essentiel que les données erronées contenues dans « *Avant la bataille* » soient rectifiées. En effet, si ces données étaient exactes, le général Boulanger n'aurait qu'à commander « *en avant, marche* » pour satisfaire les impatients ; mais on compte, nous dit-on, qu'il apportera bien des perfectionnements encore à l'armée et des perfectionnements décisifs.

Dans l'intérêt de notre patrie nous ne pouvons que désirer que les mesures adoptées par le ministre de la guerre français actuellement au pouvoir soient nombreuses et radicales. Nous n'aurons plus alors à combattre une armée aussi solide qu'était celle de la France impériale, mais simplement une armée bien plus nombreuse.

L'auteur de « *Pas encore* » commence par

critiquer ce titre « *Avant la bataille* ». Il s'en montre inquiet, il s'informe des raisons pour lesquelles on l'a adopté et il trouve que ce titre rappelle trop les exagérations de 1870. Puis il passe à la critique des données contenues dans le livre et il ne trouve à faire qu'un petit nombre d'objections qui soient réellement capables d'atténuer l'effet que l'ouvrage est appelé à produire.

L'avant-propos du président de la Ligue des Patriotes, M. Deroulède, on l'expédie vivement à cause de ses excentricités : « S'il parvient à nous surexciter jusqu'à nous rendre hydrophobes, M. Pasteur ne parviendra pas à nous guérir ; si, au contraire, nous rions de M. Deroulède, il sera seul à porter la responsabilité de ce qu'il dit et nous nous serons divertis. »

L'officier français qui écrit ces lignes se fait illusion sur l'effet produit par les phrases du président de la Ligue.

Les explosions de haine irréconciliable s'adressant directement à l'Allemagne, nous ne pouvons que les regretter vivement, même si elles proviennent de cerveaux malades.

Nous aimons à frayer avec des Français aimables et chevaleresques, et c'est à notre grand déplaisir que nous nous voyons forcés de réduire nos relations à des cercles de plus en plus restreints. Nous voyons avec regret venir le moment où la charmante vision du Français bien élevé et de sa dame s'effacera en nous pour être remplacée par celle de communards grimaçants et de citoyennes tricotant au pied de la guillotine.

Le sentiment du beau chez nous s'est considérablement développé. Ce n'est pas seulement dans nos demeures, c'est également dans le pays de nos voisins que nous aimons à contempler les œuvres élevées et idéales que produit l'activité humaine dans toutes les sphères, et la vue des choses basses et triviales nous blesse partout où elles se manifestent.

« *Avant la bataille* » est dédiée à la Ligue des Patriotes. Le critique qui écrit « *Pas encore* » blâme cette dédicace et dit son fait à la Ligue. Il nous apprend qu'elle s'est trouvée quelque peu en opposition avec les tendances du gouvernement, qu'elle a voulu monopoliser à son profit le développement donné dans les lycées et collèges à l'instruction du tir et de la gymnastique, etc., que ses sottises ont rendue nécessaire la retraite de son second président, mais que, d'autre part, elle a organisé deux concours internationanx de tir à Vincennes, le second avec le concours et sous le patronage du gouvernement.

Ces deux concours de tir organisés par la Ligue ou bien encore sa médaille de bronze lui ont acquis beaucoup d'adhérents ; mais ceux-ci, malheureusement, s'en tiennent aux aspirations platoniques et laissent beaucoup à désirer par rapport à l'action proprement dite.

La Ligue des Patriotes n'a envoyé de corps expéditionnaire ni au Tonkin ni à Madagascar.

Les femmes des patriotes également se sont réservées pour les temps à venir : elles n'ont pas organisé d'ambulance.

Les Français sérieux par conséquent n'ont pas grande confiance dans les services que la Ligue des Patriotes pourra rendre à l'avenir, en temps de guerre.

Le chapitre intitulé « *la Guerre* », quoique fort court, a une importance capitale. Nous voyons que les auteurs des deux livres sont parfaitement d'accord ; il faut que Metz et Strasbourg soient reconquis et cela à bref délai. J'ai donné plus haut les détails si intéressants se rapportant à ces deux sièges.

Pour ce qui est du reste, l'auteur de « *Pas encore* » ne partage pas, il est vrai, d'une façon absolue l'optimisme de l'ouvrage dédié à la

Ligue par rapport à l'organisation de l'armée ;
mais il convient qu'elle est en bonne voie et
c'est uniquement parce que « qui ne marche pas,
recule », que l'auteur de « *Pas encore* » prend
le parti de dévoiler sans ambages les côtés
faibles de l'organisation militaire française.

Nous allons le suivre dans son examen.

Le soldat.

L'auteur patriotique de « *Avant la bataille* »
rappelle que la bonne qualité des hommes
composant une armée exerce une action bien
plus décisive sur ce que cette armée pourra
donner que tous les engins de guerre possibles. Il affirme que le soldat français est le
premier du monde entier ; son zèle, son adresse,
sa vigueur, son abnégation font de lui l'adversaire le plus redoutable ; à l'étranger on rend
pleine justice à ses admirables qualités, mais
il n'en est pas de même en France et pourtant
il est bien dangereux d'ébranler la confiance.

On reproche au soldat français de n'avoir
plus ni Dieu ni roi ; par suite les qualités essentielles lui font défaut, qualités indispensables
au maintien de l'ordre dans l'armée.

A la vérité, continue-t-il, il y a deux sortes
de discipline : l'une qui étend le pouvoir du
supérieur à toutes les actions du soldat, et
jusqu'à sa personne tout entière, celle-là ne
convient pas aux Français ; elle fait des militaires d'aveugles esclaves et encourage tous
les caprices d'un conquérant. L'autre discipline
au contraire convient admirablement au caractère français : elle forme des serviteurs intelligents de la patrie qui n'en continuent pas
moins à être des hommes et des citoyens,
comme il en faut à un peuple libre qui ne veut
menacer aucun de ses voisins et n'a d'autre
pensée que de sauvegarder sa propre indépendance (1).

On se livre dans l'ouvrage à des considérations physiologiques et psychologiques très
étendues que l'officier critique nous dit avoir
lues et relues avec un sentiment d'entière
satisfaction. De ces considérations il résulte
que le soldat français, outre les qualités ci-
dessus mentionnées, a une vivacité d'esprit,
une intelligence active, une imagination ardente et une fierté souvent défiante. Ailleurs
on dit qu'il est bon, intelligent, dévoué.

1. Cela est en contradiction flagrante avec la tendance
de tout l'ouvrage.

Le premier soldat du monde, tel que se le figure l'imagination ardente des Français, remplis d'enthousiasme pour leur pays, ce soldat n'existe nulle part, ni en France ni dans aucun autre pays. Nous autres Allemands nous nous plaisons également à énumérer toutes les qualités élevées que doit posséder le soldat et, de la sorte, nous nous créons un idéal que nous essayons tous d'atteindre; mais nous ne nous prenons pas nous-mêmes pour cet idéal, nous savons qu'il nous faut travailler sans cesse, si, en cherchant le mieux, nous voulons au moins atteindre le bien.

Les adieux que l'empereur adressait aux soldats de l'armée allemande en date du 15 mars 1871 se terminaient par ces paroles : « Puisse l'armée de l'Allemagne, unifiée maintenant, ne jamais oublier qu'elle ne se maintiendra au degré de perfection où elle est arrivée qu'en cherchant à se perfectionner toujours davantage ; ce n'est qu'à ce prix que nous pourrons envisager l'avenir en toute confiance. »

Ces paroles, ces exhortations de l'empereur, nous nous en sommes pénétrés; elles seront transmises aux générations futures comme un héritage sacré.

Il est difficile d'établir une comparaison entre

les hommes composant l'armée allemande et
ceux qui composent l'armée française pris dans
leur ensemble. En Allemagne les diverses
races ou tribus se sont pendant longtemps isolées les unes des autres, elles se sont mélangées
avec les Slaves ou les Romains, il y a des différences sensibles entre le climat et la configuration du sol, on trouvera donc de notables
différences également entre les hommes de telle
province et de telle autre sous le rapport des
dispositions tant physiques qu'intellectuelles.
Pour la grande moyenne on constatera simplement que le soldat allemand est plus grand et
plus solidement bâti que le soldat français.

Sans nul doute la profession et le genre de
vie exerceront en France la même influence
qu'en Allemagne sur la qualité des hommes ; de
part et d'autre on verra arriver au régiment de
robustes paysans, des habitants pâles et maigres
des grandes villes et des contrées industrielles,
etc. Nous avons moins de buveurs d'eau-de-vie
que la France, et par contre plus de tonneaux
de bière ambulants ; cela non plus ne constituera une différence bien sensible.

Mais il en existe une formidable entre les
deux nations par rapport à l'idée qu'on s'y fait
de la discipline. Celle-ci en tous les temps a

exercé une influence considérable sur la direction des troupes, mais dans les temps modernes surtout où les armées sont si considérables, c'est d'elle surtout que dépend l'action de l'armée tout entière.

Dans notre armée aussi on critique les ordres et on peste contre les chefs; mais c'est pour rire; ce sont là de légers crépitements que fait taire un ordre qui éclate comme un coup frappé par le marteau-pilon. On cesse de plaisanter et l'on devient sérieux.

Et ce n'est pas seulement l'armée qui s'est habituée à l'idée que l'obéissance militaire absolue est indispensable; toute la nation a conscience de cette nécessité. Les ordres sont également sévères, inéluctables pour tous les soldats, quelque soit leur grade dans la hiérarchie militaire : nul n'est en droit de se plaindre.

En France il en est autrement. L'autorité du commandement à n'importe quel degré de la hiérarchie a été minée par les nombreux changements qu'a subis la forme du gouvernement et par ce fait que les luttes des partis se sont étendues jusqu'à l'armée même. A mesure que celle-ci deviendra plus nombreuse et que la durée du service sera moins longue, les conséquences fâcheuses de ce manque de discipline ne se feront

que sentir davantage. En France même on se
rend bien compte de la chose, on a fait des
tentatives bien différentes pour relever le mo-
ral du soldat. L'auteur de « *Avant la bataille* » se
console en disant que sur mille balles et sur neuf
obus un seul projectile atteignait son homme.
Le critique, dans « *Pas encore* », trouve que
c'est-là une consolation qui n'est pas suffisamment fondée en raison, car, dit-il, la balistique
peut se perfectionner et il faut, d'après la belle
sentence des Arabes, donner du courage au soldat en lui apprenant à rester maître de son âme.
Selon lui, il y aurait une mesure fort utile à
prendre, ce serait d'établir partout des bataillons scolaires. On a formé de ces bataillons
dans différentes localités, en France ; les juge-
ments qui ont été portés sur eux sont bien différents les uns des autres ; je vais donc indiquer
en détail l'organisation que notre auteur propose de leur donner :

A l'avenir on n'exercera au maniement du
fusil non pas tels ou tels élèves seulement,
mais bien tous ; ils ne devront pas seulement
apprendre à fond les exercices corporels du
soldat, mais suivre également un cours théorique
où on leur enseignera les vertus militaires en
empruntant les exemples à l'histoire de l'armée.

Il faut que le bataillon scolaire devienne une pépinière de héros.

Les élèves y entreront à douze ans.

De douze à quinze ans ils feront de la gymnastique et des évolutions.

A quinze ans on les armera, ils apprendront le maniement du fusil, l'escrime à la baïonnette, l'école de peloton.

A seize ans ils feront, outre ce qui vient d'être dit, l'école de bataillon, le service en campagne, le tir, le service des tirailleurs.

A dix-sept ans ils répéteront et compléteront leur instruction militaire dans son ensemble.

« Pourrait-on créer une institution plus belle ! » s'écrie l'auteur de « *Pas encore* ».

Sans nul doute il sera très utile pour l'armée que les élèves des écoles reçoivent, dans une juste mesure, l'instruction militaire élémentaire ; mais il y a de graves inconvénients à l'étendre trop. Une nation ne comptera pas beaucoup d'hommes solides sous le rapport physique et intellectuel si ses enfants sont trop précoces ; or ils le deviendront davantage encore, grâce à cette instruction militaire ; ils commenceront à faire *les* petits hommes tout en se livrant à leurs jeux, plus tard ils joueront en gamins quand ils devront être des hommes sérieux.

L'officier.

Tout d'abord on insiste sur ce fait que les officiers français sont, sous le rapport de la valeur morale, pour le moins, les égaux de ceux des autres armées, mais que malheureusement l'opinion publique met en doute ce fait. Suit un aperçu historique fort détaillé par lequel on essaye de prouver que, pour ce qui est des services qu'ils sont appelés à rendre, les officiers français sont en progrès, que ce progrès est continu et que ceux-là ont tort surtout qui, s'entêtant dans leurs idées surannées, n'ont d'yeux que pour le passé et entravent les aspirations de la jeunesse.

Notre ennemi héréditaire, se dit-on, s'est livré pendant soixante ans à un labeur incessant et énorme jusqu'à ce qu'il se fût remis de sa grande défaite au point d'oser se mesurer avec la France. Pourquoi les Français ne pourraient-ils pas arriver au même résultat? A cette heure déjà, après y avoir travaillé quinze ans, ils sont absolument prêts à repousser l'attaque. Quand on aura lu les données qui vont suivre, on ne pourra plus mettre en doute le nombre des combattants ; quant à la valeur morale des troupes, il suffira de rappeler les expéditions du Sud-oranais, de Tunis, du Tonkin et de Madagascar.

Avant 1870 on n'exigeait de l'officier qu'une chose, d'être brave en face de l'ennemi, on ne cherchait pas à lui faire employer utilement les loisirs que lui faisait la vie de garnison, on ne l'avait élevé qu'à vivre gaiement à ne rien faire. Dès lors, malgré la bravoure des soldats, la défaite était inévitable vis-à-vis d'une armée ennemie mieux préparée, plus instruite et savamment dirigée. Mais actuellement, disent nos auteurs, nous avons des officiers capables de commander des masses et de les conduire à la victoire.

Tout d'abord, nous dit-on, le recrutement des aspirants-officiers en France est plus pratique qu'en Allemagne ; ici les jeunes gens obéissent à leur vocation tandis que là ce sont les traditions de famille qui décident du choix de la profession (1) !

Nous apprenons que les écoles militaires de la France sont bien meilleures que celles de l'Allemagne (c'est ainsi qu'à l'Académie de guerre

1. Dans le chapitre intitulé « *Écoles militaires* » on demande que le Prytanée soit agrandi afin que les fils d'officiers puissent embrasser la carrière de leur père !

de Berlin on se voit contraint d'enseigner les mathématiques aux élèves!). Jadis on négligeait l'instruction théorique des jeunes officiers tandis que dans l'armée allemande on avait grand soin de les faire travailler encore, et c'est là la cause pour laquelle les officiers français ont été inférieurs dans la guerre de 1870.

Mais depuis lors les officiers qui dans cette guerre se sont trouvés à la tête des troupes ont tous sans exception cherché quelles étaient les causes de la défaite et par un travail incessant ils ont reconquis leur supériorité. La différence entre eux et leurs ennemis a été vite effacée.

Les officiers sortis des rangs sont également à la hauteur de leur mission d'autant plus que depuis quelques années on les forme dans une école spéciale. Les officiers du cadre auxiliaire ont eux aussi une instruction suffisante.

A Dieu ne plaise que nous mettions en doute la valeur morale et la science des officiers français ; nous estimons simplement que le mode de recrutement de notre corps d'officiers est meilleur que celui des Français ; chez nous il faut avoir passé l'examen d'enseigne et d'officier pour entrer dans la carrière ; en France les officiers proviennent pour un tiers des sous-officiers dont on complète quelque peu l'instruction théorique à Saint-Maixent, etc. **Pour** nous, les deux corps, celui des officiers tout aussi bien que celui des sous-officiers, ne peuvent, à être nettement séparés, que gagner tant sous le rapport de la valeur morale et de l'instruction que sous celui de la considération.

En France aussi on a senti la nécessité d'avoir un corps d'officiers composé d'une manière homogène. A cet effet on proposa de faire passer tous les jeunes candidats-officiers par les rangs et de les choisir d'entre les sous-officiers d'après les résultats des examens théoriques et pratiques qu'ils auraient subis. Mais ce procédé-là ne pourrait que diminuer le prestige des sous-officiers, ils seraient considérés comme étant la fraction inférieure, le résidu résultant du choix des aspirants-officiers.

La carrière militaire n'est pourtant pas la seule où les supérieurs sont séparés des inférieurs parce qu'il leur faut être plus instruits : il n'y a là rien qui puisse blesser l'amour-propre de personne.

Dans la guerre de 1870 à 1871, les Allemands ont rendu justice aux capacités des officiers français. Mais nous ne saurions passer sous silence ce fait que beaucoup d'entre eux n'ont pas tenu la parole donnée à l'ennemi ;

parmi ces officiers, il y en a qui occupent des situations fort élevées; dès lors nous serons bien obligés de convenir qu'en France on n'envisage nullement en haut lieu cette question de la même manière que nous l'envisageons. C'est là un fait dont nous aurons à tenir compte dans la prochaine guerre.

Le recrutement de l'armée.

C'est d'après le mode de recrutement d'une armée, de la durée du service sous les drapeaux que se détermine la mesure des sacrifices qu'une nation se voit obligée de faire pour son armée, c'est-à-dire pour son importance vis-à-vis des autres peuples, pour son indépendance et sa sécurité. Pour les nations douées d'une grande force vitale ces sacrifices ont toujours été fort considérables; dans les États militaires de l'Europe moderne ils ont atteint la limite du possible, et l'hostilité dans laquelle la France persiste vis-à-vis de l'Allemagne impose à l'un et à l'autre des deux pays des charges tout particulièrement lourdes.

Les succès inattendus de l'armée prussienne en 1866 avaient amené les Français à se préoccuper de leur organisation militaire; le général Trochu dans sa brochure en avait dévoilé et bien fait ressortir les graves défauts et sur l'ordre de l'empereur Napoléon III le maréchal Niel, homme doué d'une intelligence supérieure, avait élaboré une nouvelle loi militaire qui fut publiée le 1er février 1868. Cette loi déjà faisait beaucoup d'emprunts à l'organisation prussienne, néanmoins, elle conservait, dans son ensemble, les dispositions spéciales à l'armée française (par exemple le bataillon à six compagnies d'un faible effectif).

D'après cette loi, la force armée comprenait l'armée active, la réserve, la garde nationale mobile et la marine.

La réserve était destinée à compléter l'armée de campagne, à fournir des troupes de dépôt et de place; la garde nationale mobile ne devrait être employée qu'à l'intérieur.

On maintint le principe du service obligatoire universel, mais la faculté de se faire remplacer fut conservée; on diminuait considérablement le nombre des hommes légalement libérés. La durée du service dans l'armée active fut portée à neuf ans, dont cinq de présence sous les drapeaux.

Ces contingents annuels étaient divisés en

une première et une seconde portion ; cette dernière ne servait que cinq mois.

La réorganisation de 1868 eût été complète avec l'appel du contingent de 1875. En 1876 l'armée eût présenté un effectif sur pied de guerre de 800,000 soldats environ, tandis que la garde nationale mobile eût atteint le chiffre d'à peu près 500,000 hommes.

En 1870 la réorganisation n'était avancée qu'au point de donner à l'armée un effectif de 565,000 hommes (d'après Martin des Pallières). Mais il fallait défalquer de cet effectif environ 230,000 hommes (non-valeurs, gendarmerie, dépôts, troupes de garnison), si bien que l'armée de campagne française n'avait à mettre en ligne que 335,000 hommes à peu près.

L'organisation de la garde nationale mobile avait marché moins vite encore. Les cadres pour un chiffre d'un peu moins de 200,000 gardes mobiles étaient formés dans les départements de l'Est et du Nord et de plus à Paris.

Les masses énormes que Gambetta réussit à former ont été créées absolument en dehors de la loi. Car, malgré les capitulations de Sedan, de Metz, de Paris, malgré les grandes pertes subies dans les batailles et les engagements, malgré le désarmement de l'armée de Bourbaki, etc., il existait, quand l'armistice fut signé, 534,452 hommes de troupes de campagne avec 1,242 pièces. Sur ce grand nombre 251,900 hommes seulement étaient portés comme se trouvant en état de faire campagne (d'après les rapports fournis à la commission d'enquête de l'Assemblée nationale). Ces troupes avaient en face d'elles, sur le territoire français, les 570,000 hommes de l'armée de campagne allemande avec 1,742 pièces, auxquels pouvaient se joindre encore 205,000 hommes de troupes de dépôt formés en Allemagne.

L'issue de la dernière guerre a provoqué une activité fébrile dans l'armée française; on a cru pouvoir apprendre des Allemands le secret de vaincre et du coup on jeta par-dessus bord les traditions de l'armée. On a été trop vite; des fautes fort graves ont été commises; on a édicté une masse de lois coup sur coup, les unes restreignant l'effet des autres ou les abolissant tout à fait; mais, prises dans leur ensemble, ces réformes ont fait faire des progrès vraiment extraordinaires à l'organisation militaire.

Même pour l'armée la plus solide une période de repos, d'arrêt complet dans l'organisation fût-ce la mieux éprouvée, ne donne pas d'aussi bon résultats que l'instruction bien réglée des hommes en temps de paix à laquelle viennent s'ajouter des éléments nouveaux qui sont en quelque sorte des stimulants et qui se rapportent à l'armement ou à l'instruction, ou encore au dressage, etc., peu importe. C'est là un fait qui résulte de la nature même, du caractère de l'homme qui n'aime pas s'occuper trop longtemps ni trop souvent d'une seule et même chose.

Dès lors les modifications dans l'instruction constituent un stimulant bien plus actif que les inspections, quelque détaillées qu'elles puissent être. Mais, hélas ! cette action si bienfaisante ne s'étend qu'aux hommes de tout grade présents sous les drapeaux ; les prescriptions, les règlements nouveaux et autres modifications de ce genre produisent souvent un effet tout contraire sur les hommes — plus nombreux — de la réserve, etc. ; ils leur enlèvent toute sûreté et les paralysent. Il faut donc, avant qu'on les édicte, examiner avec le plus grand soin si ces modifications sont nécessaires et quelle portée elles pourront avoir.

C'est ce qu'on a négligé de faire en France : la nation tout entière était trop pressée de voir créer une puissante armée de la revanche, et dès lors les désillusions ne manqueront pas de se produire dans la prochaine guerre ; mais, prise dans son ensemble, la nouvelle organisation donnera de bons résultats.

Dès maintenant elle permet de grouper de grandes masses d'hommes dans des unités bien constituées, et la guerre de 1870 a prouvé que les gardes mobiles n'avaient besoin que de quelques mois pour se transformer en troupes de campagne dont on pût au besoin se servir. Si le général Boulanger réussit à faire adopter ses projets de loi portant augmentation des cadres en temps de paix (40 régiments de chasseurs, etc.), l'armée française atteindra un chiffre tel qu'aucun autre État n'en aura encore pu réaliser un aussi considérable.

La France proprement dite (y compris la Corse) a été divisée en dix-huit régions de corps d'armée comprenant un chiffre à peu près uniforme de 2,100,000 habitants. En Allemagne au contraire les pays ou provinces formant les régions de corps d'armée sont forts inégaux par rapport au chiffre de la population : il en résulte la nécessité pour les uns et les autres de se compléter réciproquement de bien des manières différentes.

Chacun des corps d'armée comprend huit régiments d'infanterie auxquels correspondent huit régions (subdivisions) de recrutement ayant chacune environ 25,000 habitants. Dans chacune des subdivisions se trouve un bureau de recrutement qui se rattache à la gendarmerie. Les villes, eu égard aux difficultés que présente le recrutement, contiennent un plus grand nombre de subdivisions.

Le nombre des jeunes gens qui tous les ans atteignent l'âge de vingt ans, avec lequel commence pour eux le service militaire, se monte, sans qu'il se produise des variations bien sensibles, à 312,000 ou huit pour mille de la population de la France qui atteint, à peu de choses près, le chiffre de trente-huit millions. (En Allemagne ce chiffre correspondant à l'augmentation de la population, augmente annuellement et se montait en 1885 à 375,000.)

De ce chiffre de 312,000 hommes il faut défalquer :

> 47.000 hommes absolument impropres au service;
> 4.665 jeunes gens qui se vouent au sacerdoce ;
> 60.000 jeunes gens qui sont soutiens de famille ;
> 26.000 hommes qui, après avoir été examinés par le conseil de revision, ont été dispensés du service comme étant trop faibles. Ils sont attribués aux services auxiliaires de l'armée.

Il faut défalquer en outre :

20.000 hommes qui appartiennent de façon ou
           d'autre, d'ores et déjà, à l'armée (engagés
           volontaires, etc.) ;
 4.000 pris par l'inscription maritime ;
 4.584 engagés conditionnels (volontaires d'un an),
           donc,
166.249 hommes en tout, en sorte qu'il se présente
           au corps :
145.751 conscrits. Sont attribuées aux troupes de la
           marine :
 7.000 recrues. Donc, l'armée de terre reçoit
138.751 recrues ;
 12.807 engagés volontaires servant 5 ans ;
 4.584 engagés conditionnels servant 1 an, en tout :
156.142 recrues.

Jusqu'à ce jour le service militaire était de :

5 ans sous les drapeaux ou en congé ;

4 ans dans la réserve de l'armée active ;

5 ans dans l'armée territoriale ;

6 ans dans la réserve de l'armée territoriale.

Par mesure d'économie on s'est vu forcé de
partager les recrues versées au corps (138,751)
en deux portions ; la première (96,727 hommes)
restant sous les drapeaux pendant cinq ans
(en réalité elle n'y reste que 46 mois), la seconde (42,024 hommes) servant un an (en réalité
10 mois seulement).

L'organisation commencée en 1872 sera complète en 1890 dès que le contingent de 1870
appelé sous les drapeaux par anticipation à
cause de la guerre sera arrivé à constituer

l'année la plus ancienne de la réserve de l'armée territoriale ; mais dès à présent il ne manque plus que quelques-unes des plus anciennes années de cette réserve. Toutes les autres sont au complet.

L'auteur auquel nous devons le chapitre de « *Avant la bataille* » qui nous occupe en ce moment nous montre dans tous ses détails la répartition de ces différents contingents annuels entre les diverses armes, il nous dit quelles sont les périodes d'instruction et de manœuvres pour lesquelles on convoque chacun des hommes après sa sortie de l'armée active et, à sa grande satisfaction il établit, comme résultat final de ces calculs, que la France contient le nombre de combattants suivant :

2.025.253 hommes qui ont reçu l'instruction militaire complète ;

697.072 hommes qui ont reçu l'instruction militaire pendant un an ;

686.100 hommes qui n'ont reçu qu'une instruction militaire superficielle pendant de courtes périodes de convocation ;

701.230 hommes qui n'ont pas reçu d'instruction militaire du tout ;

en tout donc,

4.109.655 soldats dont 1.153.423 reçoivent tous les ans l'instruction militaire à un degré quelconque.

J'ai souligné une petite faute de calcul dans l'addition ci-dessus uniquement pour rappeler que les groupements de chiffres dans « *Avant la bataille* » pèchent d'ordinaire plutôt par un excès d'exactitude, une exactitude de calculateur subalterne. Quand il s'agit de chiffres aussi considérables et aussi variables, un millier d'hommes de plus ou de moins n'a pas une bien grande importance. Mais ce qui paraîtra étrange, c'est qu'on a la prétention de faire figurer comme combattants 700,000 hommes qui n'ont reçu aucune instruction militaire et qu'on s'est simplement obstiné à porter sur les contrôles.

Immédiatement après avoir fait son addition, lui donnant pour somme une armée forte de quatre millions d'hommes, notre auteur se demande avec quelque inquiétude si, en réalité, on pourra former complètement cette force armée qui comprendrait plus d'un dixième de la population tout entière. Il appartient au ministère de la guerre de fournir au pays des éclaircissements sur cette question si importante.

A la fin du chapitre, on insiste sur ce point qu'aucun autre pays ne s'impose d'aussi grands sacrifices pour assurer l'indépendance nationale, mais, de plus, ajoute-t-on, ce n'est pas seulement le chiffre des combattants qui est assuré, ce qui est tout aussi sûr, c'est que tous ces combattants feront de bons soldats.

L'auteur de « *Pas encore* » intercale ici deux chapitres spéciaux. Le premier est intitulé : « La durée du service ». On y demande que la future organisation de l'armée comporte :

3 ans pour le service obligatoire de tous les Français ;

2 ans de congé de disponibilité accordé aux hommes ;

4 ans de service dans la réserve de l'armée active ;

5 ans de service dans l'armée territoriale ;

10 ans de service dans la réserve de l'armée territoriale ;

Et la suppression des engagés conditionnels.

Les débats qui ont eu lieu jusqu'à ce jour prouvent, selon l'auteur, que le peuple français, dans son ensemble, demande : « Que la loi de recrutement atteigne tout le monde, hormis nous-mêmes, nos parents et nos amis. » En outre, dit-il, nous souffrons beaucoup de l'épidémie du népotisme et de la sainte camaraderie, si préjudiciables à la valeur morale de toute armée.

Nous donnons la parole à un journaliste français fort malicieux, qui critique en ces termes les nouveaux projets d'organisation militaire : « Journellement nous modifions le plumet et les lois militaires. On ne sait pas si l'armée, à l'avenir, sera nationale ou régionale, si la durée du service sera de trois ou de cinq ans, si les engagés conditionnels seront supprimés ou maintenus, si les sous-officiers sortiront des rangs ou d'une école spéciale. Comment pourrait-on le savoir ? *Notre armée, l'armée de nos rêves*, n'est qu'à l'état de formation. Il n'y a qu'un point sur lequel nous soyons d'accord. C'est qu'il faut que les curés de campagne montent la garde. Avec ce renfort-là nous serons sûrs de toujours battre nos ennemis. »

Plus haut déjà, j'ai fait remarquer qu'il n'a pas été possible à la France démocratique de conserver le mode si pratique du service d'un an grâce auquel les plus instruits sont à même chez nous de continuer leurs études qui absorbent plusieurs années de leur existence.

La requête présentée au ministre de l'instruction publique par le conseil général des facultés de l'Académie de Paris, concernant le projet de suppression des engagés conditionnels, offre un grand intérêt.

Le conseil général approuve le principe du

service obligatoire universel ; il rejette tous les cas d'exception et de faveur ; il déclare que les jeunes hommes qui ont reçu une instruction plus complète doivent, plus que tous les autres, avoir le sentiment de la dette qu'ils ont à payer à la patrie ; mais, pour finir, il n'exprime pas moins le vœu qu'on puisse trouver une forme permettant de concilier les exigences du service obligatoire universel et l'intérêt des études supérieures fructueuses. Il propose en conséquence que tous les jeunes gens soient appelés sous les drapeaux, mais qu'on congédie par anticipation les étudiants et qu'on ne leur accorde des prolongations de congé que si leurs études sont couronnées de succès.

Si cette mesure était adoptée, l'instruction spéciale donnée aux engagés conditionnels disparaîtrait et les étudiants quitteraient l'armée en soldats à moitié instruits. Dès lors l'armée française se verrait privée de l'institution des volontaires d'un an qui nous fournit abondamment d'excellents officiers de la réserve.

De tout ce qui précède, je me contenterai de tirer la conclusion suivante : tous les gens sérieux en France, y compris les Français les plus sérieux, demandent que le pays dispose d'une armée gigantesque. Quel est le but qu'on poursuit ? On nous le montre assez clairement. Pour nous garer et nous défendre, nous n'avons le choix qu'entre deux moyens :

Ou bien nous suivrons nos ennemis dans la voie où ils se sont engagés et nous augmenterons notre armée, — ceci devra se faire immédiatement et l'augmentation devra être fort considérable ; — ou bien nous n'attendrons pas que cette armée gigantesque de la France soit formée complètement et qu'elle vienne nous attaquer, mais nous la détruirons avant que sa formation soit achevée.

Ce dernier moyen exigera des sacrifices moins considérables de notre part et nous mènera plus rapidement au but.

S'il en est parmi nous qui n'aiment pas à voir couler le sang, qui préfèrent réserver aux générations futures les besognes ardues, eh bien, que ceux-là choisissent le premier moyen ; mais qu'ils se décident à temps !

Toutes les classes de la population sont décidées, chez nous, à faire les plus grands sacrifices pour la grandeur et la prospérité de la patrie. J'ai ressenti un orgueil à nul autre pareil le jour où un paysan westphalien, chez lequel j'étais logé, me dit ces paroles : « Quant à mes trois garçons, je ne peux pas vous les présenter ; ils sont tous les trois incorporés dans la garde royale. Mais après les grandes manœuvres, l'aîné me reviendra ; alors je n'aurai plus besoin de tant peiner ! »

Malheureusement il y a le revers de la médaille.

Nous avons beaucoup de concitoyens appartenant à la religion israélite. Bon nombre d'entre eux ont renoncé au négoce international des valeurs dont leur race semble avoir le monopole : ils sont devenus de vrais Allemands, partageant tous nos sentiments, ayant toutes nos aspirations. C'est pour eux surtout que je déplore profondément les procès qui ont dû être faits dans ces dernières années pour cause de libération du service militaire frauduleuse. Et ce serait pourtant le service militaire qui, plus que tout autre champ de l'activité humaine, se prêterait le mieux à atténuer et même à faire disparaître bien des contrastes et des antipathies que l'on nourrit à tort ou à raison. J'ai eu sous mes ordres beaucoup de soldats israélites qui, physiquement comme sous le rapport de l'intelligence, étaient supérieurs à leurs camarades ; il n'existe pas de race plus tenace en ce monde. Pourquoi devrait-elle avoir perdu les qualités qui distinguaient les Macchabées ? Or ceux-ci n'avaient pas l'habitude de fuir le combat.

Je ne saurais pas davantage passer sous silence ce fait que, en 1870, notre emprunt fait en vue de la guerre n'a pas été couvert totalement. Quoique nous ne soyons pas aussi riches que les Français, il n'en est pas moins humiliant pour nous qu'il y ait une telle différence entre les deux nations quant à la manifestation visible et palpable de leur patriotisme.

Le deuxième chapitre intercalé par l'auteur de « *Pas encore* » : « L'appel sous les drapeaux » traite du moment où celui-ci a lieu. — Légalement, il est fixé au 1ᵉʳ juillet, mais la plupart du temps les conscrits n'arrivent aux corps qu'à la date du 1ᵉʳ décembre. Par suite de ce retard la période où l'instruction militaire est la plus dure pour eux correspond à la mauvaise saison ; ils en souffrent beaucoup, bien des hommes tombent malades, et il faut les envoyer en congé ou les libérer totalement.

Pour parer à ces inconvénients, l'auteur de « *Pas encore* » demande que l'appel sous les drapeaux soit fixé au 15 avril, car, dit-il, les commissions de revision, une fois que le tirage au sort aura disparu, pourront avoir achevé leur besogne à cette date.

Il déclare qu'il y a économie à procéder de

la sorte. Nous avouons que nous ne saisissons pas bien.

Les laboureurs, les maraîchers, les maçons, charpentiers, etc., voient leur travail interrompu pendant l'hiver et c'est là le motif pour lequel, en Allemagne, où pourtant le climat est plus rude, on appelle les hommes sous les drapeaux dans la seconde moitié de l'automne. De plus, nous ne saurions pousser l'instruction des hommes jusqu'au point où elle doit être arrivée lorsqu'il leur faut prendre part aux grandes manœuvres d'automne de leur arme respective, qu'en nous en tenant à notre date.

Notre auteur veut que ceux des conscrits entrant le 15 avril dans les rangs de l'armée française, qui seraient versés dans l'infanterie et la cavalerie, prennent part dès cette année-là aux grandes manœuvres.

C'est cette proposition qui permet le mieux de se rendre compte de la différence qu'il y a entre l'instruction solide donnée au soldat allemand, et le dressage superficiel auquel est soumis le militaire français. C'est que, chez la plupart des Français, il y a cette arrière-pensée que l'intelligence et l'adresse fort grandes de leurs soldats constituent une compensation suffisante.

L'effectif et le budget.

Je ferai remarquer tout d'abord que le prince de Bismarck a su également prouver la grande supériorité et la puissance de son esprit dans la question si compliquée et si embarrassante de la fortune publique. Le prince a voulu empêcher la France de recommencer la lutte de sitôt en lui imposant une contribution de guerre des plus élevées ; non seulement il a voulu dégoûter les Français de leur amour de la guerre en leur présentant une facture à très gros chiffres ; il voulait, en outre, leur enlever pour un certain temps les moyens matériels d'assouvir leur passion du jeu de la guerre. Ne réussit-on pas, en effet, à guérir les alcooliques, les morphinomanes en leur enlevant le liquide qui leur donne l'ivresse ?

La somme que le prince avait fixée après s'être livré à ces considérations parut trop forte, non seulement aux Anglais émus de pitié, qui sont les gens les plus compétents en pareille matière ; nos propres financiers pensaient comme eux. Nos manieurs d'argent qui, quelques mois auparavant, n'avaient pas su

trouver 120 millions de thalers pour la patrie,
étaient fermement convaincus qu'il n'y avait pas
en ce monde un mortel capable de payer comptant à un autre la somme fixée par le prince de
Bismarck. Cela révolutionnera toute les bourses,
disaient-ils, et finalement notre propre négoce
souffrira de ces bouleversements.

Or, les Français ont payé leur indemnité de
guerre avec une telle rapidité que nos troupes
d'occupation n'ont pas, à proprement parler,
interrompu leur marche vers l'Est. A peine
était-on parvenu à organiser pour nous un
champ de manœuvres et autres choses de ce
genre, qu'il nous fallait marcher encore jusqu'à
ce que, à la fin, nous rentrâmes sans encombre
au pays avec nos cinq milliards.

Les Français avaient organisé un service
spécial fort pratique pour liquider les sommes
nécessaires au payement de l'indemnité de
guerre. Ils l'employèrent à se procurer l'argent
dont ils avaient besoin pour autre chose : ils
procédèrent peut-être avec une certaine légè-
reté, mais ils n'en eurent pas moins à leur disposition des sommes énormes.

On donna à l'armement et à l'équipement de
l'armée un développement tel qu'on n'en avait
jamais vu jusqu'à ce jour. On construisit une

foule d'ouvrages fortifiés, de casernes, d'écoles, de magasins, etc. ; on entassa dans ces derniers des approvisionnements énormes. Une loi, publiée le 8 août 1881, fixa à 2,289 millions la somme nécessaire au rétablissement de tout le matériel de guerre. De cette somme, il ne reste plus que 200 millions pour les constructions, etc., à faire dans le courant de 1886 et de 1887 ; à partir de 1888, le budget ordinaire devra pourvoir à l'entretien du matériel nouvellement créé.

Dans « *Avant la bataille* » on fait remarquer que l'Empire dépensait 409 millions pour une armée de 380,000 hommes sur le pied de paix, tandis que la République en dépense 529 pour une armée de 483,000 sur le pied de paix également.

Le soldat de la France républicaine coûte donc 19 francs de plus par an que n'avait coûté le soldat de la France impériale.

Prise dans son ensemble, la situation financière de la France n'est pas bonne. La guerre de 1870 a coûté des sommes énormes, directement et à cause des conséquences qu'elle eut. Les expéditions en Afrique et en Asie, faites toutes sur une grande échelle, ont coûté gros également. Comme la dette publique atteint le chiffre énorme de trente milliards, pour payer la rente de cette dette il faut avoir recours à de nouveaux emprunts toutes les fois que l'industrie et le commerce traversent une crise; or c'est là le cas présentement.

Cette stagnation des affaires, on nous l'impute également, à nous autres Allemands. Finalement, même les moins intelligentes d'entre les femmes allemandes, même celles qui avaient le moins de cœur, à force d'entendre pousser ce cri déplaisant de revanche, de voir faire une chasse incessante à des espions supposés, se sont aperçues que ce qu'on appelle communément l'article de Paris se fabrique également en Allemagne. Pour cela les Français n'attribuent pas la diminution de leurs recettes à eux-mêmes, ils l'attribuent à la perfide race allemande.

Pour une guerre contre cette race, « qu'il faut haïr d'autant plus que l'on peut moins en vouloir à chacun de ses membres en particulier » (*De la Belle-Croix*, page 87), pour une guerre contre cette race, on trouvera toujours de l'argent.

L'organisation et l'instruction.

L'organisation et l'instruction de l'armée française ont eu à subir, après les désastres de 1870, les critiques les plus amères ; on a fait les réformes les plus étendues, on s'est livré à un travail incessant, mais l'œuvre de la réorganisation n'est point encore achevée. En lisant les deux ouvrages dont nous nous occupons, on constatera, dans cette organisation, les disparates les plus frappants dans la composition et l'action des ressorts les plus élevés.

La position de ministre de la guerre de la République française donne à celui qui l'occupe une grande influence, mais il a en même temps à porter une responsabilité fort lourde et à lutter contre de très grandes difficultés. Certes, nous conviendrons que des hommes supérieurs seuls sont à la hauteur de la tâche et dès lors il n'est pas étrange que ce ministère ait si souvent changé de titulaire.

Depuis longtemps déjà, l'organisation militaire en France avait le grave inconvénient d'être centralisée, et, à mesure que l'armée devenait plus nombreuse, cet inconvénient se faisait sentir davantage.

Une armée moderne est un organisme gigantesque et extraordinairement compliqué. Il faut que le système entier de ses nerfs converge vers un organe unique, le ministre ; mais il est indispensable qu'il ait le moins possible à s'embarrasser de détails. Sinon les filaments nerveux s'enchevêtrent et se brouillent et la folie est au bout. Or, en France, on n'a pas encore su alléger suffisamment l'organe central.

De ce que le ministère a tant de fois changé de titulaire il est résulté que les bureaux sont devenus par trop indépendants. Les ministres semblent n'être là que pour la représentation et pour assumer la responsabilité de ce qui se fait, mais ils ne sont point les chefs actifs ayant la direction réelle de l'organisme tout entier. Quoi d'étonnant, dit-on, qu'un homme tel que le ministre actuel, qui a à un haut point le sentiment de sa valeur et qui est doué d'une grande activité, se voyant entravé dans les réformes qu'il a entreprises, ait pris la résolution de transformer le ministère de la guerre ?

C'est là une entreprise dangereuse, car il n'existe pas seulement une armée républicaine, mais bien aussi une armée orléaniste ; puis une troisième, la plus forte de toutes, l'armée impériale ; elles sont comme campées l'une à côté de l'autre, et quiconque irait s'imaginer que nous n'avons rien à craindre de ces trois armées parce qu'elles se donnent (comme ce fut plus ou moins le cas en 1871) réciproquement l'une à l'autre assez de besogne, celui-là serait dans l'erreur. Si réellement elles devaient avoir maille à partir l'une avec l'autre, les différends disparaîtraient bien vite et seraient étouffés par le cri de guerre poussé à notre adresse.

En 1870, bien des Français — et Napoléon III lui-même, cet homme d'un esprit si avisé et d'une grande expérience était de ce nombre, — beaucoup de Français, dis-je, comptaient sur la discorde qui règnerait entre les Allemands. Ils étaient dans l'erreur. Les gens sérieux très probablement n'y retomberont plus. Mais nous, de notre côté, nous aurions tort de compter sur la désunion dans l'armée française.

Dans « *Avant la bataille* » on nous décrit le fonctionnement du ministère de la guerre. Nous signalerons, comme présentant un intérêt général, les détails qu'on nous donne sur les travaux du dépôt de la guerre, attaché au grand état-major. A la première et à la seconde section du dépôt ressortissent les brigades topographiques qui s'occupent actuellement de faire les levés de l'Algérie, de la Tunisie et du Tonkin,

et qui précédemment ont fait la carte de la
France au quatre-vingt-millième. Depuis 1870
(où, comme l'on sait, on distribua aux troupes
françaises exclusivement des cartes du territoire
allemand), l'impression des cartes a fait un progrès extraordinaire. Au lieu de 80,000 exem-
plaires on en imprime actuellement 2,200,000
par an.

On nous énumère en outre les comités, commissions, etc., qui sont les auxiliaires du ministre, en dehors du personnel proprement dit
du ministère (près de mille fonctionnaires et
employés). A propos du comité le plus important, celui de la défense, sur lequel l'auteur
nous donne beaucoup de détails, il dit que dans
un État monarchique cette bienfaisante institution ne pourrait pas du tout fonctionner. Ce sont
là des phrases : il a existé en Allemagne une
commission toute semblable qui avait pour
mission de résoudre également des questions se
rapportant à la défense du territoire. Quant aux
autres comités, aux services qu'ils rendent, aux
inconvénients qu'ils présentent, ils ressemblent
à s'y méprendre à ceux qui fonctionnent à
Berlin.

Les quartiers généraux des dix-huit corps
d'armée sont établis dans les villes suivantes :

Lille, Amiens, Rouen, le Mans, Orléans, Châlons-sur-Marne, Besançon, Bourges, Tours, Rennes, Nantes, Limoges, Clermont-Ferrand, Grenoble, Marseille, Montpellier, Toulouse, Bordeaux. Dans notre nomenclature nous avons suivi l'ordre numérique.

On a pu voir par l'énumération ci-dessus que ni à Paris ni à Lyon ne sont établis des quartiers généraux de corps d'armée ; les garnisons de ces deux villes sont placées sous les ordres de gouverneurs militaires spéciaux ; les régiments qui les composent sont relevés de trois en trois ans. Tiennent garnison à Paris, une division du 3°, une du 4° et une du 5° corps d'armée. Après les grandes manœuvres de 1886, la 9° division quittera Paris et sera remplacée par la 10° venant d'Orléans.

Tiennent garnison à Lyon, une division du 13° corps d'armée (tantôt la 25°, tantôt la 26°) et une brigade du 14° corps (alternativement la 55° et la 56°).

Les conscrits provenant de Paris sont versés dans les 2°, 3°, 4°, et 5° corps d'armée ; ceux provenant de Lyon aux 7° et 14° corps. La Corse fait partie de la région du 15° corps.

En Algérie, se trouve un corps d'armée (le 19°) dont l'organisation diffère de celles des autres corps ; en Tunisie, il y a une division d'occupation, une autre se trouve en Indo-Chine. Dans le projet de réorganisation, on propose la création d'un 20° corps d'armée en Afrique.

Chacun des dix-huit corps d'armée à organisation normale comprend deux divisions d'infanterie de deux brigades ; chacune de ces quatre brigades est forte de deux régiments d'infanterie. Chacun de ces huit régiments d'infanterie comprend quatre bataillons (de quatre compagnies chaque) et deux compagnies de dépôt. Trois de ces quatre bataillons forment le régiment proprement dit; le quatrième bataillon restant (tous les trois ans c'est un autre qui joue ce rôle) est disponible et, en temps de paix, on l'emploie surtout comme bataillon de forteresse. (Cette organisation n'a pas donné les résultats qu'on en espérait, aussi fondra-t-on les quatrièmes bataillons et la moitié des compagnies de dépôt avec les quarante régiments de chasseurs dont le nouveau projet propose la création.)

Outre l'état-major et ses deux divisions d'infanterie, chacun des corps d'armée comprend :

1 bataillon de chasseurs à pied (à l'avenir, d'après le projet, deux régiments de chasseurs).
1 brigade de cavalerie de deux régiments, chacun de cinq escadrons.

1 brigade d'artillerie de deux régiments; l'un (artillerie divisionnaire) comprenant douze batteries montées, l'autre (artillerie de corps d'armée) huit batteries montées et trois à cheval, ce qui donne un total de vingt-trois batteries. On n'en attribuerait que dix-huit au corps d'armée en cas de mobilisation; mais il est permis de supposer que les 107 batteries restantes se verraient également attribuées aux corps de l'armée de campagne ou qu'on les emploirait comme réserve d'artillerie de l'armée et qu'elles ne seraient nullement disloquées en vue de la mobilisation des colonnes de munitions, etc. ;

1 bataillon du génie (sous peu, si le projet est adopté, deux compagnies de pionniers de campagne seront attribuées à l'artillerie de campagne, les compagnies restantes seront fondues dans les troupes de forteresse formées par la réunion des régiments du génie et de l'artillerie de forteresse) ;

1 escadron du train des équipages de trois compagnies ;

1 section de secrétaires ;

1 section de commis et d'ouvriers d'administration ;

1 section d'infirmiers;

1 ou 2 légions de gendarmerie ;

8 bureaux pour le recrutement, la mobilisation et les réquisitions.

A ces troupes de l'armée active correspondent, dans chaque corps d'armée, les cadres de l'armée territoriale :

8 régiments d'infanterie;
8 escadrons de cavalerie ;

1 régiment d'artillerie ;

1 bataillon du génie (à l'avenir, d'après le projet, un
bataillon de troupes de forteresse, etc.) ;

1 escadron du train des équipages, etc., etc.

En dehors des 18 bataillons de chasseurs à
pied des corps d'armée, il en existait jusqu'à ce
jour douze autres qui, disloqués dans l'Est, sont
destinés à être adjoints aux divisions de cavalerie
indépendantes.

Il y avait jusqu'à ce jour, en fait d'infanterie,
dans les dix-huit corps d'armée, au total
144 régiments et 30 bataillons de chasseurs
à pied ; dans le 19° corps et la division de
Tunisie, se trouvaient compris 4 régiments de
zouaves, 4 régiments de tirailleurs algériens,
2 régiments étrangers, 3 bataillons d'infanterie
légère d'Afrique, en tout donc 154 régiments,
33 bataillons indépendants. Le projet de réorganisation propose la formation de 206 régiments
d'infanterie ; dans ce chiffre sont compris
les 40 régiments de chasseurs à pied. Si les propositions du ministre sont adoptées, l'Allemagne
devra, elle aussi, augmenter le chiffre de son
infanterie (elle n'a présentement que 161 régiments d'infanterie et 20 bataillons de chasseurs).

En dehors des 18 brigades de cavalerie qui
sont attribuées aux corps d'armée stationnés

en France même, il existe dans ce pays 5 divisions de cavalerie indépendantes, fortes chacune de 3 brigades (1ʳᵉ division à Paris, 2ᵉ à Lunéville, 4ᵉ à Nancy, 5ᵉ à Melun, 6ᵉ à Lyon) et deux brigades de cavalerie isolées, ce qui donne un total de 70 régiments ayant chacun 5 escadrons. La 3ᵉ division de cavalerie indépendante n'existe pas encore ; elle sera complétée, en cas de mobilisation, par quelques-uns des 8 régiments de cavalerie d'Afrique. Le nouveau projet propose la formation de 10 autres régiments de cavalerie ; ce qui porterait le nombre des régiments à 88, ayant chacun 5 escadrons. (L'armée allemande compte 93 régiments.)

Le 19ᵉ corps d'armée comprend les trois divisions d'Alger, d'Oran et de Constantine, qui ont chacune un régiment de zouaves, un de tirailleurs algériens, un bataillon d'infanterie légère d'Afrique et, de plus, une ou deux compagnies de discipline.

En fait de cavalerie, il existe 4 régiments de chasseurs d'Afrique et 4 régiments de spahis.

Les vingt-trois batteries du 19ᵉ corps d'armée sont en garnison en France ; pour l'artillerie nécessaire à l'Algérie on a formé 12 batteries spéciales qui sont les batteries *bis* d'un nombre égal de ces unités restant en France ; ces batteries *bis* sont détachées dans la colonie. Le nombre total des batteries existant en temps de paix se monte par conséquent à 449 ayant 2,694 pièces de campagne. (L'armée allemande compte 2,040 pièces.)

D'après le projet de réorganisation du ministre actuel, la division de Constantine serait transformée en un corps d'armée spécial (le 20°).

La division d'occupation de Tunisie comprend le quatrième régiment de zouaves, le quatrième de tirailleurs algériens et une compagnie de discipline.

A l'avenir, la division d'occupation comprendra des cadres spéciaux et se complétera à l'aide d'engagements volontaires ; la formation de cette armée coloniale n'est pas encore achevée.

Dans les compagnies disciplinaires de fusiliers appartenant au 19° corps d'armée et à la division de Tunisie on verse les soldats de toute arme qui se signalent par leur mauvaise conduite persistante sans qu'ils aient subi de condamnation infligée par les conseils de guerre. Dans la compagnie disciplinaire de pionniers on verse les hommes qui se sont mutilés ou qui ont simulé des infirmités dans le but de se soustraire au service militaire. Dans les bataillons d'infanterie légère d'Afrique on verse les hommes qui

ont subi une condamnation avant leur entrée
au corps ou pour cause de crimes ou délits
militaires.

Les deux régiments de la légion étrangère
(forte de plus de 5000 hommes) complètent leur
effectif à l'aide d'engagements contractés par
des étrangers ; on dit qu'il s'y trouve beaucoup
de jeunes Alsaciens qui « réclament l'honneur
de servir en France ».

Les tirailleurs algériens et tunisiens forts
d'environ 11,000 hommes se recrutent exclusivement à l'aide d'engagés volontaires qui
reçoivent une prime de 400 francs (250 francs
en entrant au corps et 150 francs après deux ans
de service). Les emplois d'officiers subalternes
sont réservés en partie à des indigènes tout
particulièrement bien doués. Aucun d'eux n'est
encore parvenu au grade de capitaine.

Ne font pas partie des unités de corps d'armée
(19, soit 20 corps) les nombreux corps spéciaux
des armes savantes dont nous traiterons plus
tard, par exemple les 16 bataillons d'artillerie
de forteresse comprenant chacun 6 batteries,
les 2 régiments de pontonniers de 14 compagnies chacun, les 4 régiments du génie comptant
chacun 5 bataillons. D'après le projet de réorganisation l'artillerie de forteresse, dont le

chiffre se verrait doublé, formerait avec les régiments du génie une troupe de forteresse spéciale.

La brochure « *Pas encore* » fait suivre le chapitre de « l'organisation et de l'instruction de l'armée » de cinq chapitres spéciaux qui sous certains rapports complètent les données détaillées fournies par l'ouvrage intitulé « *Avant la bataille* » et qui traitent surtout de l'organisation du ministère de la guerre, des manœuvres grandes et restreintes des troupes en temps de paix et des écoles militaires. Certaines d'entre ces données méritent d'être mentionnées ; je vais donc étudier quelques-uns de ces chapitres complémentaires.

Les manœuvres. — L'instruction.

Au temps jadis les Français ne voulaient pas des manœuvres en rase campagne. Il n'y avait pas moyen, disait-on, en temps de paix, de décider les hommes surexcités à battre en retraite ; ils allaient même jusqu'à ajouter des balles à leurs cartouches à blanc; ces projectiles allaient donner jusque dans le voisinage immédiat des chefs lorsque ceux-ci donnaient l'ordre de commencer la retraite. Certains critiques, un peu malicieux, prétendaient que les officiers français, en hommes de sens, ne faisaient pas pratiquer sérieusement la retraite parce que ceux d'entre leurs hommes qui étaient intelligents apprenaient sans difficulté aucune la chose lorsqu'il fallait la pratiquer à la guerre et que, si les manœuvres en temps de paix se répétaient souvent et duraient longtemps, les hommes auraient fini peut-être par mettre trop tôt en pratique les connaissances acquises.

On n'opérait donc en France que contre une ligne ennemie marquée par des jalonneurs et cet ennemi-là on le battait toujours.

Nous autres Allemands nous sommes habitués, grâce à nos guerres éternelles, à voir souvent varier la Fortune et nous avons le plus possible calqué sur la réalité nos manœuvres en rase campagne. Nous n'avons recours à la ligne ennemie marquée par des jalonneurs que quand, pour des raisons d'économie, nous ne disposons pas d'un nombre suffisant de combattants sur le champ de manœuvres pour fournir la quantité voulue aux deux parties belligérantes.

Par suite, nous nous entendons très bien à battre en retraite, tout en n'ayant recours à ce procédé que fort rarement pendant la guerre.

Dans la première bataille perdue par nous en 1870 (Saarbrück, 2 Août), nous avons tiré un profit considérable de notre science. Le deuxième bataillon du 40° régiment de fusiliers se considéra lui-même, avec ses deux pièces, comme étant la ligne ennemie marquée par des jalonneurs, vis-à-vis du 3° corps d'armée français, et soutint si brillamment le combat en retraite que les généraux français, heureux de cette bataille gagnée, voulurent à toute force en faire tout un corps d'armée.

Les troupes françaises qui prirent part à cette manœuvre perdirent 6 officiers et 80 hommes, la ligne ennemie marquée par des jalonneurs perdit 4 officiers et 79 hommes ; on avouera que les frais de la journée étaient répartis de la manière la plus équitable entre les deux parties.

Mais on n'en est plus là en France actuellement : on fait des manœuvres ; on perfectionnera même grandement la chose. Non seulement on continuera à faire des grandes manœuvres sur une vaste échelle, on se propose même d'empêcher les différents corps de troupes de s'habituer par trop, dans leurs garnisons, à un champ de manœuvres situé trop près ; les régiments changeront donc souvent de garnison, on déplacera même des corps d'armée entiers.

Ce que l'on a appris, il est vrai, jusqu'à ce jour sur les changements de garnison permettrait de supposer que l'on songe moins à trouver des champs de manœuvres bien situés qu'à amoindrir le parti royaliste dans l'armée.

Les manœuvres annuelles normales en temps de paix de l'armée française sont imitées des nôtres; quant à l'argent, on ne le ménage guère. Chaque année ont lieu :

Des manœuvres de corps d'armée durant 20 jours, pour 3 corps ;

Des manœuvres de division durant 15 jours, pour 8 corps d'armée ;

Des manœuvres de brigade durant 15 jours, pour 8 corps d'armée.

En outre, la cavalerie, placée en dehors des unités de corps d'armée, fait faire à deux de ses divisions des manœuvres durant 12 jours, en adjoignant, à chacune des divisions, trois batteries à cheval ; les trois divisions de cavalerie restantes et les deux brigades isolées, font des manœuvres de brigade dont la durée est de huit jours.

Les frais des manœuvres se montent à :

125.000 fr. pour les voyages du grand état-major;
233.000 fr. pour les manœuvres de brigade de l'infanterie et de la cavalerie ;
4.432.000 fr. pour les manœuvres combinées de brigade, de division et de corps d'armée ;
163.000 fr. pour les manœuvres spéciales de la cavalerie ;
58.000 fr. pour les manœuvres de forteresse ;
216.000 fr. pour les manœuvres en pays de montagne ;
364.000 fr. pour le tir de guerre de l'infanterie ;
112.000 fr. pour le tir de l'artillerie à grande distance ;
____
5.703.000 fr. au total.

On nous fait remarquer qu'aucune de ces manœuvres si importantes n'était introduite avant 1870, et que les concentrations de troupes au camp de Châlons ne pouvaient donner que des résultats minimes.

Les écoles militaires.

Depuis 1871 les écoles militaires ont été, elles aussi, l'objet de soins tout particuliers. Dans les deux livres qui nous occupent, nous constatons le désir de voir ces établissements perfectionnés davantage et agrandis considérablement.

4

Le Prytanée militaire, — qui correspond à nos écoles de cadets, — ne dispose pas, — quoiqu'on le dise la plus belle école de France,— de locaux suffisants pour les besoins actuels ; nos auteurs demandent la création d'une ou de deux écoles similaires afin qu'on puisse y recevoir tous les fils d'officiers au lieu de les voir entrer, avec des bourses, dans les lycées où, fort souvent, ils perdent le goût du métier paternel.

Voici donc la France républicaine qui se préoccupe des fils d'officiers, des cadets de l'armée. Cela ne contraste-t-il pas de la façon la plus étrange avec la méfiance que la population allemande témoigne ouvertement aux institutions de ce genre ?

On trouvera la cause de cette méfiance dans ce fait que les officiers allemands, ceux surtout de certains corps de troupe, s'isolent bien plus du reste de la population que ceux de l'armée française.

Tout homme capable de raisonner, — et le nombre en grandit sans cesse dans les nations où la civilisation moderne règne en maîtresse, — tout homme capable de raisonner, disons-nous, désirera de voir les officiers qui sont chargés d'instruire dans le métier des armes le peuple tout entier, lui-même par conséquent, ses frères et ses amis, doués de toutes les qualités éminentes qui ont formé de tout temps l'idéal de la chevalerie pour toutes les nations nobles et généreuses. Nul ne voudra qu'ils aient moins de valeur morale, moins de nobles sentiments qu'ils n'en ont; mais tous demanderont également qu'ils ne montrent plus la sotte fierté du hobereau. Partout où cette fierté-là est entretenue, elle constituera un danger des plus sérieux, des plus graves, qui ne pourra que compromettre toutes les institutions politiques si vénérables que l'armée est appelée à défendre.

Ce danger est plus imminent encore en Allemagne, parce qu'il y a là des traditions malencontreuses, triste héritage du temps où notre pays était divisé et désuni. Puisse la patrie ne jamais manquer d'hommes clairvoyants et d'un esprit net, occupant les postes qui conviennent à leurs aptitudes !

L'ouvrage intitulé « *Avant la bataille* » constate un grand progrès dans l'instruction donnée aux enfants de troupe.

Aux temps des remplaçants, c'étaient les vieux soldats qui formaient le noyau de l'armée. Il avait fallu fermer les yeux sur bien des irrégularités par rapport à leurs relations avec le sexe, en sorte que la moralité dans les casernes laissait beaucoup à désirer. Les enfants grandissaient au milieu des soldats et, comme ils ne connaissaient pas toujours leur père, la dénomination d'enfant de troupe était fort bien trouvée. Grâce au service obligatoire universel, grâce à la durée si restreinte du service, cet état de choses si grave cessera d'exister et les 8,000 enfants du sexe masculin, — c'est là le chiffre indiqué par notre ouvrage, — pourront être à bon droit considérés comme fils légitimes des sous-officiers. 5,000 d'entre eux sont élevés dans leurs familles ; 3,000 dans des écoles militaires préparatoires.

Les familles touchent 100 francs pour un enfant de 1 à 5 ans, 150 pour un enfant de 5 à 8 et 180 pour un enfant de 8 à 13 ans. Entre 13 et 14 ans les jeunes garçons entrent dans l'une des six écoles créées spécialement dans ce but. Il y en a quatre pour l'infanterie, une pour la cavalerie, une pour l'artillerie, le génie et le train. A partir de 1888, ces écoles fourniront à l'armée un contingent annuel de 600 engagés volontaires âgés de dix-huit ans.

Les écoles militaires qui ont formé jusqu'ici les jeunes officiers sont de deux sortes : les unes reçoivent les aspirants-officiers proprement dits, les autres les jeunes hommes provenant des sous-officiers. Le projet de réorganisation du général Boulanger propose de donner à tous les officiers une instruction uniforme ; il fera, par conséquent, disparaître la différence qui existe entre ces diverses écoles.

Jusqu'ici les futurs officiers étaient formés dans les établissements suivants :

L'École spéciale militaire de Saint-Cyr. Il en sortait chaque année 400 sous-lieutenants ayant suivi les cours pendant deux ans, dont 280 pour l'infanterie de l'armée de terre, 40 pour l'infanterie de marine et 80 pour la cavalerie.

L'école polytechnique de Paris. Il en sortait annuellement 250 élèves ayant suivi les cours pendant deux ans et qu'on versait dans les différents services de l'artillerie et du génie de l'armée de terre et de la marine. Notre auteur regrette que la totalité des excellents officiers sortant de cette école entrent dans les armes spéciales.

L'école de médecine et de pharmacie militaires ne reçoit que des docteurs en médecine et des pharmaciens ayant le diplôme de première classe : il en sort tous les ans 65 médecins environ et 7 pharmaciens militaires.

Il n'y a pas d'école spéciale pour les vétérinaires de l'armée. Les trois écoles vétérinaires d'Al-

fort près Paris, de Lyon et de Toulouse disposent de bourses militaires ; les titulaires de ces
bourses entrent tous les ans dans les rangs de
l'armée au nombre de vingt-cinq environ après
avoir suivi les cours d'une de ces écoles pendant
trois ans, et après avoir servi pendant onze mois
à l'école de cavalerie de Saumur.

L'école d'infanterie de Saint-Maixent forme
tous les ans de 350 à 400 sous-lieutenants d'infanterie provenant des sous-officiers et suivant
à l'école un cours de douze mois. L'école de
cavalerie de Saumur remplit le même but par
rapport à la cavalerie : tous les ans elle renvoie
environ 100 à 110 élèves qui ont suivi ses
cours pendant onze mois. (Cette école forme,
par conséquent, des élèves sortant des rangs
en plus grand nombre que ceux qui proviennent de Saint-Cyr.)

Il existe à Versailles une école similaire pour
les sous-officiers de l'artillerie, du génie et du
train des équipages. Il en sort annuellement
environ 100 élèves avec le grade de sous-lieu-
tenant (dont 55 pour l'artillerie, 18 pour le
génie et 27 pour le train, pour lequel l'école
forme absolument tous les officiers).

L'école d'administration établie à Vincennes
se compose exclusivement de sous-officiers ; il

en sort tous les ans 80 élèves environ pour le service des bureaux de l'intendance, le service des vivres, du casernement et des hôpitaux.

Il existe en outre un certain nombre d'écoles destinées à donner aux officiers et aux sous-officiers une instruction spéciale. Ce sont les suivantes :

Trois écoles régionales de tir pour l'infanterie dans les camps de Châlons, du Ruchard et de Valbonne. Chacune d'elles forme dans la même année en deux cours d'instruction, dont la durée est de quatre mois pour les officiers et de trois pour les sous-officiers, plus de 500 élèves de tout grade.

L'école normale de tir comprend des commissions spéciales chargées d'examiner les perfectionnements que l'on propose d'apporter aux armes à feu de l'infanterie, les modifications du règlement, etc. ; tous les ans, elle forme dans un cours dont la durée est de six mois, 38 capitaines d'infanterie que l'on place comme instructeurs dans les écoles de tir régionales et dans les corps de troupe.

L'école de gymnastique de Joinville-le-Pont forme tous les ans 30 lieutenants d'infanterie et 325 sous-officiers et soldats comme instructeurs et moniteurs de gymnastique et d'escrime.

Tous les ans, un certain nombre de capitaines d'infanterie sont instruits dans l'une ou l'autre des quatre écoles régimentaires du génie, pendant quatre semaines dans la construction des fortifications de campagne. (A ce propos, l'auteur de « *Avant la bataille* » fait remarquer que le caractère de la nation française est tel qu'elle ne s'habitue que difficilement à attendre l'ennemi derrière des retranchements.)

En dehors des 110 élèves susnommés, l'école de cavalerie de Saumur forme encore les lieutenants de cavalerie et d'artillerie pour être employés comme officiers instructeurs. L'École reçoit en outre les 80 jeunes sous-lieutenants ayant choisi l'arme de la cavalerie, que lui envoie l'école de Saint-Cyr, les 25 aides-vétérinaires dont il a été question plus haut et qui tous y étudient le service de la cavalerie. Enfin, Saumur forme 80 télégraphistes de la cavalerie et 65 maréchaux ferrants. (L'auteur de « *Pas encore* » nous dit que cette grande école de cavalerie nourrit la haine de la République. C'est-là, à ses yeux, une raison plus que suffisante pour demander qu'elle subisse une réorganisation totale!)

Depuis que Metz a dû être cédé à l'Allemagne, l'École d'application de l'artillerie et du génie

qui s'y trouvait a été transférée à Fontaine-
bleau. Les jeunes sous-lieutenants sortis de
l'École polytechnique y reçoivent pendant deux
ans l'instruction spéciale de leur arme respective.

Il existe à Bourges une école de tir pour l'artillerie. Un certain nombre de capitaines et d'officiers supérieurs de l'artillerie de campagne, de
forteresse et de la marine y reçoivent l'instruction pratique du tir.

Les frais d'entretien de toutes ces écoles
spéciales en dehors des écoles régimentaires de
l'armée se montent à 14,000,000 de francs par an.
(Dans le chapitre suivant nous allons traiter
de l'Académie de guerre française dont le nom
officiel est : École supérieure de guerre.)

Le service d'état-major et le comman-
dement.

Les auteurs de nos deux ouvrages sont d'accord pour prononcer la condamnation de l'ancien
état-major. C'est l'esprit de caste si étroit des
armes spéciales et de l'intendance qui, selon eux,
est cause que, dans la guerre de 1870, l'état-
major général n'a pas su se montrer à la hauteur
de sa tâche. A l'heure qu'il est, tous les officiers

ayant fait leurs preuves au corps et à l'Ecole supérieure de guerre (Académie de guerre), peuvent entrer dans l'état-major.

Toutes les institutions humaines, hélas! sont imparfaites et dès lors il n'y a rien d'étonnant de voir le népotisme s'y introduire avec tant de facilité. Dans les armées allemandes aussi l'état-major était appelé jadis la salle d'asile des fils de généraux. Sous Napoléon III, il n'y avait qu'un cri dans l'armée pour blâmer la faveur excessive dont on comblait certains officiers. La France républicaine à emprunté à l'armée allemande le mode d'organisation du service si essentiel de l'état-major, et l'on peut être convaincu que dans la prochaine guerre l'état-major français se montrera plus brillant que par le passé.

Cet état-major comprend en temps de paix 312 officiers de différents grades, depuis celui de capitaine jusqu'au grade de colonel — ; en temps de guerre il se complétera en empruntant aux corps de troupe tout près de 1000 officiers ayant conquis le brevet d'état-major. Il a en outre à sa disposition 400 officiers de la réserve et 275 de l'armée territoriale. Sont occupés dans les bureaux : 150 archivistes avec 20 sections de secrétaires de l'état-major et du recrutement ; 19 de ces sections sont attribuées aux corps d'armée dont elles portent les numéros d'ordre ; la vingtième section est mise à la disposition du gouvernement militaire de Paris.

Nous insisterons sur ce point qu'il existe en France un corps de 75 interprètes militaires employés jusqu'à ce jour presque exclusivement dans les colonies. A l'avenir ce corps se complètera par des fonctionnaires connaissant les langues parlées en Europe. On s'est adressé à cet effet aux officiers auxiliaires et aux membres de l'Université. (Depuis 1871 l'étude de la langue allemande est très répandue dans l'armée française.)

Pour les généraux de l'armée française il n'existe que deux grades ; celui de général de brigade (il y en a deux cents), et celui de général de division (il y en a cent). La dignité de maréchal de France ne saurait être conquise que sur la rive droite du Rhin. L'armée française n'a donc pas de généraux ayant un rang supérieur à celui des divisionnaires. Nous sommes tenté de croire qu'il en résulte souvent des froissements entre les généraux.

Actuellement les États militaires de l'Europe font leurs grandes guerres en mettant en ligne un grand nombre d'armées. Tôt ou tard il résultera de ce fait qu'on se verra obligé de créer un nouveau grade pour les généraux en chef, leur donnant le pas sur les généraux commandant les corps d'armée. Dans certains États on a d'ores et déjà tenu compte de cette nécessité, sous une forme ou une autre. Dès lors on comprend moins encore que par le passé, qu'en France on n'ait pas encore établi plus de grades différents pour les généraux de l'armée.

L'infanterie.

Dans « *Avant la bataille* » on consacre à ce sujet un chapitre de trente-neuf pages, dans « *Pas Encore* » on s'est contenté d'une demi-page pour simplement exprimer le vœu qu'à l'avenir, à la revue du 14 juillet, on fasse défiler devant les Parisiens un corps d'armée sur pied de guerre au lieu de chétifs squelettes de bataillons.

Cette revue dont il est si souvent question fournit également à l'auteur de « *Avant la bataille* » l'occasion de s'étendre longuement sur l'importance de l'infanterie dans l'organisation d'ensemble des armées modernes. On regrette que les spectateurs réservent la plus grosse part de leurs applaudissements aux autres armes, quoique ce soit l'infanterie qui rend le plus de services, qui supporte les plus grandes fatigues, subit les plus dures privations et est exposée aux plus grands dangers.

Ce que le public parisien fait le 14 juillet en dédaignant l'infanterie, on peut l'observer également ailleurs. C'est pourquoi je m'arrêterai à cette question.

L'histoire militaire nous montre de puissantes armées composées exclusivement d'infanterie ; elle ne nous montre que très rarement des masses de cavalerie indépendantes capables de rendre les services qu'on attend d'une armée proprement dite, et jusqu'à ce jour on n'y a point encore vu figurer une armée composée exclusivement d'artillerie. Disons en passant qu'en 1814, les corps d'armée de Napoléon Ier avaient vu baisser l'effectif de leur infanterie à un point tel que l'un des maréchaux put donner à cette arme le nom d'escorte particulière de l'artillerie ; c'est donc alors que l'idée d'une armée d'artillerie a été le plus près de se voir réalisée.

Les progrès énormes qu'ont faits les arts techniques ont eu pour conséquence que les machines ont tous les jours davantage pris la place du travail immédiat de l'homme. Nous avons pris l'habitude de faire accomplir tout travail un peu conséquent non plus par des hommes, mais bien par des machines. Le cheval en tant que force isolée est tombé, dans cette lutte, à l'état de quantité presque nulle, et les forces réunies de toutes les montures d'une division de cavalerie ne pourraient qu'avec une extrême lenteur traîner par exemple un de nos énormes cuirassés contre le flot d'une grosse mer. Or le public a vaguement conscience de ces faits : il veut des masses produisant de grands effets, l'homme moderne n'est plus satisfait à la vue d'un être petit, quelques services qu'il rende.

Or l'infanterie moderne, quoique, grâce à son fusil à tir rapide et sûr, et ses projectiles à longue portée traversant les couverts même solides, elle obtienne des résultats qui jadis eussent semblé inouïs, n'en est pas moins restée une arme qui paye peu de mine ou plutôt elle a perdu davantage encore sous le rapport de l'apparence. Les tuniques aux plis multiples, les bonnets à poil ornés de plumets, les schakos gigantesques, etc., ne se portent plus, on les a remplacés par une tenue simple, réduite au strict nécessaire. En lieu et place des piques

et des hallebardes si longues on lui a donné
un fusil aussi peu luisant que possible, et le long
glaive est devenu peu à peu un simple poignard.

Y a-t-il dès lors lieu de s'étonner qu'un
public composé d'hommes aussi peu judicieux
qu'ils sont avides de beaux spectacles, applau-
disse moins les fantassins que leurs camarades,
défilant à grand bruit, qui eux aussi sont des
vaillants devant l'ennemi, comme l'est un
chacun à sa place ? Mais l'infanterie demeurera
l'arme principale, elle le sera surtout quand
les perfectionnements techniques de l'artillerie
auront imposé aux corps d'armée plusieurs
centaines de bouches, à feu. Elle demeurera la
reine des batailles comme le dit fort bien l'auteur de « *Avant la bataille* » dans son style imagé.

Il nous énumère un à un les régiments d'infanterie, de plus toutes leurs garnisons respec-
tives. Cela nous permet de constater que les
régiments y sont massés et dès lors le service se
fait plus facilement et plus sûrement

Le régiment d'infanterie allemand dont l'état-
major se trouve dans la ville que j'habite actuellement a ses trois bataillons répartis sur trois
garnisons différentes ; tant que j'ai été au service,
j'ai eu affaire à des corps de troupe éparpillés de
la sorte — moi-même j'ai ressenti les inconvé-

nients de cet état de choses et je saisis cette occasion pour déclarer qu'à ce point de vue on a tort, absolument tort de se laisser guider par des raisons d'économie et d'autres considérations secondaires.

En effet, à mesure que l'effectif des armées augmente, on verra tout naturellement grandir aussi l'effectif des corps de troupe destinés à être employés comme unités. On constatera la chose pour toutes les armes et pour ce motif on verra exercer de toutes les manières les grandes masses à agir avec ensemble; il faut que cette habitude devienne pour les troupes une seconde nature. Comment cela serait-il possible, du moment que les bataillons, les escadrons et les batteries sont disloqués et ne rejoignent leur régiment que peu de jours avant l'époque où celui-ci prend lui-même sa place dans les unités supérieures?

En regardant de près à quel chiffre s'élèvent les garnisons françaises, on est arrivé à se dire qu'il n'est plus permis d'appeler l'Allemagne une grande caserne; cette dénomination, titre d'honneur des nations fortes, revient présentement à la France.

Dans le chapitre dont nous nous occupons actuellement, les auteurs de « *Avant la bataille* »

expriment à la Ligue des Patriotes leur gratitude de ce qu'elle pousse de toutes ses forces
la jeunesse aux exercices corporels afin de
fournir au pays les éléments d'une bonne infanterie, puis ils étudient les sociétés ayant pour
but de propager les études militaires. Cela
aussi mérite attention.

Bien des détails importants de ce chapitre
touffu ont été mentionnés par nous dans notre
analyse de l'organisation militaire. Nous avons
agi de la sorte pour en donner une vue d'ensemble plus complète. Il nous reste à fournir
quelques données spéciales.

En France, la taille minima pour l'infanterie
est de 1^m,54 (en Allemagne, elle est de 1^m,57).
Le nombre total des soldats d'infanterie ayant
reçu l'instruction complète, à la disposition de
l'autorité compétente chargée des opérations
du recrutement, ou faisant partie de l'armée
active est, d'après nos auteurs, de 1,306,000
hommes dont 683,000 pour les troupes de première ligne. En outre il existe 546,000 soldats
d'infanterie ayant passé douze mois sous les
drapeaux; dès lors le nombre total des hommes
pouvant faire le service d'infanterie s'élève à
1,852,000.

Mais en plus de ces fantassins ayant reçu

l'instruction militaire, la France compte 663,000 hommes qui ont été appelés sous les drapeaux à deux reprises pour une période d'instruction de vingt-huit jours et dont la majeure partie a dû, peu après, assister aux exercices et manœuvres pendant une période de treize jours. D'après notre livre le nombre total des hommes de l'infanterie se monte à 2,518,183. On en refait le compte détaillé comme pour fournir la preuve de l'addition et asseoir davantage encore la conviction du public français. Puis on ajoute que les fusils, les munitions et les voitures nécessaires à la mobilisation de l'infanterie existent en nombre plus que suffisant.

L'infanterie est armée du fusil Chassepot bien connu de nous, Modèle 1866-74, ce qui veut dire que ce modèle a été construit en 1866 sous sa forme première alors qu'on se servait de cartouches à étui en papier; et qu'en 1874 il a reçu les modifications lui permettant l'usage des cartouches métalliques.

Voici les indications concernant le fusil de l'infanterie française. Pour faciliter la comparaison à mes lecteurs, j'ajouterai celles se rapportant au fusil de l'infanterie allemande et, pour terminer, je fournirai toutes les données les plus indispensables afin d'en finir dès maintenant avec cette question des fusils.

	Fusil de l'infanterie française modèle 1866-74.	Fusil de l'infanterie allemande modèle 1871.
Poids en kilogrammes.......	4.2	4.5
Longueur de l'arme, crosse comprise, en mètres......	1.395	1.330
Calibre (diamètre intérieur du canon en millimètres)	11	11
Pas des rayures (longueur qu'il faudrait aux quatre rayures de la paroi intérieure du canon pour faire une rotation complète) en centimètres..	55	55
Portée maxima en mètres....	1800	1600

(Le fusil allemand ne porte pas moins loin que le fusil français, mais on ne l'a muni d'un appareil de hausse que pour la distance de 1600 mètres afin d'empêcher les soldats de dépenser de la poudre en pure perte en tirant à une distance plus grande.)

Les fusils d'infanterie, en France comme en Allemagne, sont munis d'un sabre-baïonnette allégé (à proprement parler d'un poignard-baïonnette).

L'armée allemande possède pour les chasseurs à pied, l'artillerie et les pionniers, un fusil d'infanterie plus léger que le fusil d'infanterie, auquel d'ailleurs il ressemble sous tous les rapports (carabine de chasseurs à pied, modèle 71).

Dans les deux armées on a établi un fusil plus court encore, plus léger, à l'usage spécial des cavaliers (carabine), qui naturellement tire les mêmes munitions que l'autre.

C'est surtout le calibre qui détermine le poids du canon comme celui de la munition, c'est-à-dire des cartouches qui, vu leur grand nombre (78 dans l'un des pays, 80 dans l'autre) augmentent considérablement la charge que le fantassin est obligé de porter ; depuis longtemps on diminue sans cesse le calibre, et il est fort probable que les fusils à répétition qui ont été récemment adoptés en France comme en Allemagne, et dont la fabrication est tenue secrète, auront sans doute vu le diamètre intérieur de leur canon réduit de onze millimètres à neuf ou à huit, à moins qu'on n'ait reculé devant la grande dépense de temps et d'argent qu'entraînerait la fabrication de cartouches nouvelles.

Les combattants de l'armée française qui ne sont pas armés d'un fusil, à savoir les officiers, les adjudants sous-officiers (un grade intermédiaire spécial à cette armée), les sergents-majors, les tambours, les conducteurs des bêtes de somme et des attelages, les ordonnances des officiers montés, sont armés d'un revolver à percussion centrale. (Le revolver a été également introduit dans l'armée allemande.)

A la fin du chapitre on nous indique de quelle manière les bataillons d'infanterie sont répartis entre les différentes régions de corps d'armée. Il ressort de cette répartition que dans les régions des 6e et 7e corps, le long de la frontière allemande, il y a, dans les différentes garnisons, un nombre de bataillons hors de toute proportion avec les autres régions (100 bataillons de la ligne sur pied de paix complet).

Ce chapitre si long a une conclusion. L'auteur dit qu'il est convaincu que l'infanterie française non seulement soutient la comparaison avec n'impórte quelle autre infanterie, mais qu'elle est même incontestablement supérieure. La future guerre seule pourra fournir la preuve de cette affirmation qui nous semble, à nous, un peu risquée.

La cavalerie et la remonte.

Dans les deux ouvrages qui nous occupent, ce chapitre présente un très grand intérèt parce que l'auteur de « *Pas encore* » appartient à l'arme de la cavalerie et qu'ensuite on voit

5

partout percer la préoccupation, l'ennui d'être obligé de se dire que, malgré tous les efforts, la cavalerie française de la revanche n'est pas à la hauteur de celle de l'Allemagne.

Dans les deux ouvrages on tombe d'accord sur ce point que le but principal de la cavalerie, c'est d'assurer le service de sûreté et de reconnaissance ; il faut que cette arme soit l'œil et l'oreille de l'armée. Dans un court aperçu historique on nous prouve que la cavalerie du Consulat et du premier Empire a été parfaite, mais que les guerres qui ont suivi, nommément les campagnes d'Algérie et la guerre de Crimée, n'ont pas favorisé le développement de l'arme et qu'on a négligé de tenir compte des expéditions faites par les corps uniquement composés de cavalerie pendant la guerre de sécession aux États-Unis et des expériences faites par l'arme pendant la guerre austro-prussienne en 1866. Par suite, nous dit-on, la cavalerie française n'a pas été à la hauteur de sa tâche dans la guerre de 1870 et c'est à elle qu'il faut imputer une grande part des désastres qu'a subis l'armée.

Mais, immédiatement la guerre terminée, continuent nos auteurs, on a fait les efforts les plus consciencieux — et dans ces efforts on ne s'est point ralenti jusqu'à ce jour — pour être à même de fournir à la cavalerie des chevaux solides et d'habiles cavaliers, et pour les préparer à remplir la tâche stratégique qui leur est assignée. L'ouvrage intitulé « *Avant la bataille* » déclare que c'est au général de Gallifet que revient en grande partie l'honneur d'avoir réorganisé la cavalerie, tandis que l'auteur de « *Pas encore* » en attribue le mérite à un certain nombre de généraux de l'arme.

Telle qu'elle est organisée jusqu'à ce jour, la cavalerie française se divise en trois catégories :

Grosse cavalerie

Cuirassiers......... 12 régiments

Cavalerie de ligne.

Dragons........... 26 —

à cinq escadrons.

Cavalerie légère.

Chasseurs à cheval.. 20 —
Hussards........... 12 —
Chasseurs d'Afrique. 4 — à six escadrons.
Spahis............. 4 —

Ce qui donne un total de 398 escadrons dont 328 mobiles et 70 escadrons de dépôt.

Chacune des dix-huit brigades attribuées à un corps d'armée comprend un régiment de dragons et un régiment de cavalerie légère (douze de chasseurs à cheval et six de hussards). Tous ces régiments ont leurs cinq escadrons réunis dans une seule et même garnison. La seule brigade de frontière à demi mobilisée du 6° corps d'armée fait exception : le dépôt est séparé du régiment qui, lui, se trouve plus près de la frontière. Dans les 9°, 10° et 12° corps d'armée les deux régiments formant les brigades de cavalerie sont réunis dans une seule et même garnison (Tours, Dinan, Limoges).

Pour faciliter l'instruction spéciale de l'arme, ces dix-huit brigades sont réparties entre six inspections générales qui, en cas de guerre, au fur et à mesure des besoins, se transformeront en divisions de cavalerie indépendantes.

Les cinq divisions de cavalerie indépendantes formées en temps de paix se composent chacune d'une brigade de cuirassiers, d'une de dragons et d'une de cavalerie légère (seule, la 6° division de cavalerie comprend une brigade de cuirassiers, une de chasseurs et une de hussards).

Quatre régiments de la 1ʳᵉ division tiennent garnison à Paris et à Versailles, deux à Saint-Germain et à Rambouillet.

La deuxième division de cavalerie est massée

tout près de la frontière (quatre régiments sont
à Lunéville, deux à Nancy).

La quatrième division de cavalerie se trouve
également près de la frontière, au camp de
Châlons, à Sedan, etc.

Trois régiments de la 5° division de cavalerie
tiennent garnison dans le voisinage de Paris ;
les trois autres sont répartis dans le groupe de
forteresses en avant de Lille.

La sixième division de cavalerie se trouve
dans l'Est (à Epinal, Vesoul, Lyon).

Les deux brigades restantes destinées à constituer la troisième division de cavalerie, non
formée en temps de paix, tiennent garnison,
l'une dans l'intérieur de la France, l'autre en
Algérie.

Le projet de réorganisation du ministre de la
guerre actuel comporte pour la cavalerie une
augmentation de dix régiments. Nous en avons
entretenu nos lecteurs précédemment déjà.

La cavalerie de l'armée territoriale comprend
dans chacun des dix-huit corps d'armée normaux huit escadrons (dont quatre de dragons
et quatre de cavalerie légère) ; en outre, il
existe en Algérie quatre escadrons territoriaux
de chasseurs d'Afrique, ce qui donne un total
de 148 escadrons.

L'ensemble des cadres de l'armée active et de l'armée territoriale formés jusqu'à ce jour se monte donc à 546 escadrons dont 476 mobiles et 70 escadrons de dépôt.

La taille des recrues était jusqu'ici fixée au minimum et au maximum suivants :

Pour les cuirassiers, de 170 à 175 centimètres ;

Pour les dragons, de 164 à 170 centimètres ;

Pour les chasseurs d'Afrique et les soldats d'origine française destinés aux spahis, de 159 à 167 centimètres ;

Pour les chasseurs à cheval et les hussards de 159 à 164 centimètres.

Pour les engagés volontaires, on admettait une tolérance de 5 centimètres pour la taille maximum. Il n'existe pas, à proprement parler, de soldats de cavalerie servant pendant douze mois ; cependant, on accordait une dispense à plus de 500 hommes tous les ans après avoir constaté leur instruction spéciale par un examen théorique et pratique.

L'auteur de « *Pas encore* », se basant sur la nature des races de chevaux indigènes, demande que, dans la réorganisation de la cavalerie française, on n'établisse plus que deux catégories : la grande et la petite cavalerie. Les cuirassiers et les dragons appartiendraient à la première de ces deux catégories, et l'on exclurait du service de la cavalerie les hommes par trop grands, vu qu'il n'existe pas de chevaux capables de les porter.

La petite cavalerie comprendrait les hommes petits, agiles et vigoureux que l'on monterait avec des chevaux de la race bretonne, arabe (d'Algérie) ou de Tarbes.

Il demande que toute la cavalerie reçoive un armement léger et solide, et qu'on diminue dans une proportion des plus considérables la charge des hommes. Le temps n'est plus, dit-il, où cavaliers et fantassins étaient tenus de transporter eux-mêmes jusqu'au delà de la Vistule tout ce dont ils avaient besoin. En principe, le soldat d'infanterie ne devra porter lui-même que les vivres, les cartouches, une brosse à habits, sa boîte à graisse ; de même, les chevaux de la cavalerie ne devront avoir à transporter que les armes, les fers de rechange et les vivres pour le cavalier et la monture.

Dans l'ouvrage intitulé : « *Avant la bataille* » on établit le compte détaillé du recrutement annuel de la cavalerie et des contingents annuels des cavaliers quittant leur corps après avoir reçu l'instruction complète. De ce compte il

résulte que, quand une fois les formations **nor-**
males de l'armée active et de l'armée territoriale seront complètes, on disposera de

79.254 hommes de la première levée et de
111.901 hommes de l'armée territoriale.

Or, il n'existe pas un nombre suffisant d'officiers pour les 460 escadrons de la première levée
et les 746 de la seconde, car on nous semble
avoir singulièrement grossi les chiffres dans
l'addition suivante :

3.386 officiers de cavalerie de l'armée active,
  531 officiers de la réserve,
1.083 officiers de la cavalerie de l'armée terri-
       toriale, en tout
5.000 officiers de cavalerie.

On n'a sans doute grossi les chiffres que pour
arriver à ce total imposant de 5,000.

L'auteur fait remarquer qu'il ne serait pas
possible de faire évoluer et de nourrir cette masse
terrible de cavalerie (1); mais ce qui est hors de
doute, continue-t-il, c'est qu'on pourra organiser 1,044 escadrons, en effet...

J'épargnerai au lecteur la peine de lire ce

---

1. Il a négligé de nous donner la somme totale des
escadrons. Je [répare cette omission. Ce total se monterait à 1,752 escadrons, ce qui nous donnerait 262,800 cavaliers gaulois.

compte détaillé, tout de fantaisie; modestement on y fait figurer pour ces mille et quelques esca- drons le nombre total de 150,000 chevaux.

En face de ce chiffre élevé, nos auteurs donnent pour l'effectif en chevaux de toute l'armée active le nombre de 131,385, quand ils n'auraient dû faire entrer en ligne de compte que les chevaux de la cavalerie réellement existants (environ 50.000). On a obtenu ce chiffre considérable en comptant pêle-mêle les chevaux de selle et les chevaux de trait de la cavalerie, de l'artillerie, du train des équipages, de même que les montures des offi- ciers, afin de pouvoir rendre plausible, aux yeux du public français, qui d'ailleurs ne demande qu'à se bercer de chimères, l'assertion que 131,385 chevaux sont disponibles pour le service de la cavalerie, et pour lui faire croire que les mille escadrons dont nous parlions ci-dessus pourront, de rêves et de chimères qu'ils sont, se transformer en réalités.

Qu'on me permette d'anticiper sur la seconde partie de mon livre, et d'établir dès maintenant, en fait, que la France, malgré tous les efforts qui ont été faits, ne sera pas en état de fournir à son armée de la revanche une cavalerie supé- rieure. Si l'armée allemande dispose d'une cava- lerie forte et de beaucoup plus nombreuse que celle de nos adversaires, cette arme pourra lui rendre des services décisifs ; mais si on veut qu'elle les rende, on ne devra pas s'en tenir au nombre actuel des régiments.

Quant au service de la remonte, nous attirerons l'attention de nos lecteurs sur les données suivantes :

En cas de guerre, l'administration disposera de 1,352 vétérinaires exerçant leurs fonctions sous la surveillance de huit directeurs.

Pour le service de la remonte on a organisé quatre circonscriptions avec dix-sept dépôts ; un certain nombre de régions de corps d'armée appartiennent à des circonscriptions différentes.

Tout dernièrement il a été créé à Suippes, dans le voisinage du camp de Châlons-sur-Marne, un dépôt de chevaux de remonte non dressés à l'instar de ceux qui existent en Allemagne.

En Algérie et en Tunisie il existe un dépôt de remonte dans chacune des quatre divisions.

Chaque circonscription de remonte est placée sous les ordres d'un colonel ou d'un lieutenant-colonel, et à la tête de chaque dépôt se trouve un officier supérieur ; ce dernier préside la commission d'achat, laquelle fonctionne à époques fixes dans différentes localités de la circonscription. Les achats qui se font de la sorte comprennent un septième de l'effectif des chevaux d'officiers et un huitième des chevaux de troupe.

En France, le prix des chevaux d'officiers varie entre 1000 francs, pour l'infanterie, et 1,500 francs (pour les cuirassiers). En Algérie il y a un prix uniforme de 760 francs. Le prix des chevaux de troupe varie en France entre 910 francs pour la cavalerie légère et 1,160 francs pour les cuirassiers; en Algérie il s'élève à 600, voire à 650 francs.

Le service des dépôts de remonte est fait par une troupe spéciale, les cavaliers de remonte; ils sont divisés en huit compagnies. A la tête du service de la remonte se trouve un inspecteur général secondé par un inspecteur général-adjoint.

Un certain nombre de juments choisies à cet effet par les commissions d'achat de la remonte sont confiées à des éleveurs sous la condition de ne les employer qu'à des travaux faciles. Ces chevaux ne deviennent jamais la propriété des éleveurs, mais les poulains leur appartiennent. (L'auteur de « *Pas encore* » propose de faire servir à la reproduction de chevaux toutes les juments de la cavalerie et de l'artillerie qui y seraient reconnues aptes.)

En France, pays qui n'est guère riche en chevaux, on a dû édicter une loi particulièrement sévère réglant la réquisition des chevaux en cas de mobilisation. Tous les deux ans les chevaux sont inspectés et classés à nouveau. Une disposition spéciale de cette loi dispense certains propriétaires de chevaux de les envoyer à cette inspection. Ce sont les étrangers appartenant à différentes nations de l'Europe et d'autres pays. Dans le nombre figurent ceux qui sont originaires du Mecklembourg-Schwérin et des villes hanséatiques. Ce fait prouve qu'il n'y a en France presque pas de sujets allemands ayant des chevaux.

En cas de mobilisation de l'armée nos auteurs indiquent le nombre total des chevaux dont on aurait besoin comme se montant à 300,000 (y compris les 131,385 de l'effectif de l'armée active) ; dès lors il semblerait qu'on ne prévoit pas l'établissement de formations mobiles pour l'armée territoriale.

On nous dit que le nombre total des chevaux existant en France se monte à 3,500,000 bêtes. Ce chiffre nous paraît exagéré. Si l'on en retranche les chevaux qu'on se verra forcé de refuser parce qu'ils seront ou trop jeunes ou trop vieux ou bien encore absolument impropres à faire un service quelconque, il ne restera qu'un nombre très faible de bêtes réellement valides et bonnes ; si bien que le vœu de voir l'élevage du cheval favorisé de toutes les manières en vue de fournir de montures l'armée de la revanche ne paraîtra que trop justifié.

L'auteur de « *Pas encore* », disions-nous, demande que la charge des chevaux de cavalerie soit allégée de manière à la réduire à la limite extrême du possible ; il semble qu'on ait déjà beaucoup de fait sous ce rapport. On a établi de nouveaux modèles de selles et de garnitures de tête, les pièces du harnachement qui n'étaient pas indispensables ont été supprimées et de toutes les manières on a cherché à diminuer la charge du cheval. (On nous dit que pour la cavalerie légère, elle est de 121 kilogrammes et pour les cuirassiers de 150). Le sabre du cavalier est accroché à la selle, les hommes portent la carabine en bandoulière. Tous les cavaliers sont armés de sabres, les cuirassiers ont en outre la cuirasse et le revolver, tous les autres cavaliers des carabines (modèle 1874, système Gras, poids 3 kilogrammes 5 ; longueur : 1 mètre 175 ; calibre : 11 millimètres ; portée 1100 mètres : avec

des cartouches de différents modèles, un paquet
de six cartouches pesant 270 grammes).

Pour finir, on nous dit, d'une manière peut-
être un peu sommaire, que la cavalerie est, par
l'instruction qu'elle reçoit et l'armement qu'on
lui a donné, à même de détruire les voies ferrées, de barrer les chemins, de rendre impra-
ticables les gués, de faire sauter les ponts, de
détruire les lignes télégraphiques aériennes et
souterraines ou bien encore d'en établir, de
manière à les faire servir à l'usage de sa propre
armée.

En étudiant la nomenclature des garnisons
de cavalerie, on constatera que des 268 escadrons
de la mère patrie destinés à être immédiatement mobilisés, 184 tiennent garnison dans les
sept corps d'armée de l'Est, tandis que 84 seulement sont répartis dans les onze régions des
corps d'armée restants.

Au cours des considérations par lesquelles
l'auteur de « *Avant la bataille* » termine cet
important chapitre, il convient qu'en France les
jeunes gens ont moins l'habitude du cheval que
chez certaines nations de l'Europe orientale ;
mais, dit-il, les cavaliers français ont deux
qualités qui les rendent supérieurs à tous les
autres : l'intelligence et l'audace. Qu'un autre

Murat viennent se placer à leur tête et ils le
suivront partout où il lui plaira de les mener,
dans les rangs ennemis les plus serrés. Certains
faits qui se sont passés en ces derniers temps,
ont clairement démontré à l'auteur que les officiers de cavalerie français peuvent, sans crainte
aucune, soutenir la comparaison avec ceux des
autres armées et que, dès lors, on aurait tort de
mettre en doute plus longtemps la haute
valeur de la cavalerie française.

Après la signature de la paix, en 1871, je
causais un jour avec un Français aussi aimable
qu'instruit. C'était sur cette question de la
cavalerie que roulait toute la conversation.
Comme preuve capitale que la cavalerie française était excellente, il me citait l'enlèvement
de la redoute dans la bataille de la Moscova.
Quel ne fut pas son étonnement quand je lui
prouvai que cette célèbre charge avait été
fournie par des cavaliers allemands, sous les
ordres d'un général français !

Au demeurant nous ne nions nullement que
la cavalerie française soit intelligente et surtout audacieuse : nous prisons tout autant les
charges de Worth et de Sedan où les cavaliers
français allaient à la mort, superbes et héroï-
ques, nous les prisons, dis-je, tout autant que

si elles avaient été exécutées par les nôtres,
mais la cavalerie, au temps présent, a besoin
de bien d'autres qualités pour être à la hauteur
de sa tâche difficultueuse.

L'artillerie et l'armement.

Depuis la fin du siècle dernier, l'artillerie
occupe dans l'armée française une place pri-
vilégiée parce que, lors de la Révolution, les
officiers de cette arme n'ont pas émigré, et que,
par suite, les unités de l'artillerie n'ont pas dû
être reconstituées. Vis-à-vis des régiments de
formation nouvelle des autres armes, les régiments d'artillerie jouaient le rôle d'anciens et,
depuis cette époque, l'artillerie à pied tient la
droite de l'infanterie et l'artillerie à cheval la
droite de la cavalerie; aux revues, elles défilent
en tête. De plus, Napoléon Ier sortait de cette
arme et, sans nul doute, une grande considération en a rejailli sur l'artillerie.

Aussi, l'auteur de « *Avant la bataille* » émet
au début du chapitre cet avis qu'il n'est pas
besoin de dissiper les inquiétudes du public
au sujet de la valeur de cette arme. Puis les
auteurs des deux ouvrages abordent le cha-

pitre des empiètements dont l'artillerie se serait rendue coupable vis-à-vis des autres armes. En effet, non seulement les fusils de l'infanterie en magasin sont confiés aux arsenaux de l'artillerie ; cette arme en outre est chargée de passer l'inspection des armes à feu portatives qui se trouvent entre les mains des troupes.

En Allemagne, l'artillerie s'efforce depuis longtemps de se débarrasser de tous les travaux de fabrication, d'emmagasinage et de transport des armes portatives et des munitions concernant les troupes autres que les siennes propres ; pour elle tout cela constitue un fardeau et un embarras extraordinairement grands. Il nous paraît donc étrange que l'artillerie française ne se soit pas vue contrainte, par l'accroissement considérable qu'a pris la tâche spéciale de l'arme, de procéder de même.

L'auteur de « *Avant la bataille* » nous explique en outre pourquoi l'artillerie, quoiqu'elle n'eût pas rendu dans la dernière guerre tous les services qu'on attendait d'elle, a échappé à la défaveur qui rejaillit sur l'état-major et l'intendance.

Beaucoup de villes, ouvertes et fortifiées, ont été bombardées par les Prussiens dans la dernière guerre ; il en résulta un sentiment général de terreur qui a produit un mouvement de l'opinion publique en faveur d'une forte augmentation de l'artillerie ; les officiers de cette arme, tous bons et instruits, nous dit on, en ont profité pour doubler l'effectif de la troupe ; ils ont dépensé sans compter l'argent qui était attribué aux dépenses de l'artillerie ; ils ont, entre autres, élevé des édifices dont le luxe contraste singulièrement avec l'apparence modeste des autres constructions militaires.

Par ce qu'ils ont fait, par ce qu'ils ont dit, il s'est formé peu à peu dans la masse du public cette opinion fort dangereuse que la prochaine guerre ne serait qu'un grand duel d'artillerie et que la victoire appartiendrait à la nation qui disposerait de l'artillerie la plus nombreuse. Actuellement cette opinion se trouve élevée à l'état de dogme que rien ne saurait ébranler, et l'infanterie elle-même compte bien trop sur l'effet produit par les pièces et trop peu sur sa propre force.

A bien des indices il est permis de reconnaître qu'à l'étranger on a connaissance de cette lacune dans l'armement français et que les coups seront directement portés sur ce point. Quelque grands que soient les services que

l'artillerie sera appelée à rendre, la décision
dans la plupart des cas n'en sera pas moins
amenée par l'infanterie.

L'artillerie française se divise en artillerie de
l'armée active et en artillerie de l'armée territoriale.

L'artillerie de l'armée active comprend :

> 38 régiments d'artillerie de campagne formant
> 19 brigades (une par corps d'armée).
> 16 bataillons d'artillerie de forteresse (le projet
> de réorganisation en comporte un nombre
> double).
> 2 régiments de pontonniers.
> 10 compagnies d'ouvriers.
> 3 compagnies d'artificiers.

L'artillerie de l'armée territoriale comprend
un régiment pour chaque région de corps
d'armée. L'effectif de ce régiment a un nombre
de batteries variant de huit à trente, selon les
ressources qu'offre la région.

L'artillerie de campagne de l'armée active,
comme c'est le cas également en Allemagne,
comprend pour chaque corps d'armée un
régiment d'artillerie divisionnaire (batteries
montées) et un régiment d'artillerie de corps
d'armée (batteries montées et batteries à cheval).
Nous ferons remarquer que, dans les batteries

à cheval, ce ne sont pas seulement les officiers et les sous-officiers qui sont montés, mais encore les canonniers servants ; les pièces et les munitions sont plus légères que chez nous.

Le nombre des batteries dans chaque régiment est très élevé : dans l'artillerie divisionnaire, il est de douze batteries montées (en Allemagne de huit), dans l'artillerie de corps d'armée il est de huit batteries montées (en Allemagne il y en a six) et de trois batteries à cheval (tout comme dans l'armée allemande).

En dehors de ces deux catégories d'artillerie de campagne, il existe encore des batteries de montagne dont le matériel se démonte pour être transporté par des bêtes de somme. Elles sont destinées à la guerre dans les Alpes et les Vosges ; en cas de besoin, on les emploie aussi dans les colonies ; les officiers et les artilleurs servants destinés à ces batteries proviennent des régiments. Actuellement, il y a quatre batteries de montagne de formées dans le 14° corps d'armée (Grenoble).

Plus haut déjà, nous avons mentionné qu'en dehors des 437 batteries (19 × 23) des corps d'armée il existe douze batteries *bis*, qui sont détachées en Algérie ; l'effectif total de l'artillerie de campagne en temps de paix tes

donc de 449 batteries comprenant 2,694 pièces
dont les attelages sont d'ores et déjà au complet.
(L'Allemagne compte 2,040 pièces).

Jusqu'ici l'artillerie de forteresse et de siège
comprenait 16 bataillons de 6 batteries chacun ;
mais le nouveau projet d'organisation en voie
d'exécution lui donnera un effectif double.

Contrairement à ce qui se passe dans l'armée
allemande les deux régiments de pontonniers
(chacun de 14 compagnies) forment un corps
spécial relevant de l'artillerie. Anciennement il
n'existait qu'un régiment, en garnison à Strasbourg ; les deux qui existent actuellement se
trouvent l'un à Angers, l'autre à Avignon.

L'effectif sur pied de paix de toute l'artillerie était jusqu'à ce jour de 3,399 officiers (dans
l'ouvrage intitulé « *Avant la bataille* » nous
trouvons ce chiffre diminué de trente officiers, c'est une faute d'impression), de 68,240
hommes et de 31,818 chevaux.

En étudiant la nomenclature des garnisons
de l'artillerie de campagne, on constatera que
cette arme se trouve groupée en grandes
masses. Dans la 14° brigade seule, les deux
régiments d'artillerie de campagne sont attribués chacun à une autre garnison ; à Versailles
deux brigades sont même réunies ; une troi-

6,

sième brigade se trouve dans le voisinage immédiat de cette masse, à Vincennes. Dans neuf corps d'armée les brigades d'artillerie ont pour garnison la ville où se trouve le quartier général du général commandant le corps d'armée.

Des données que nous fournissent nos ouvrages sur le recrutement de l'arme il ressort qu'on verse dans toute l'artillerie des hommes de grande taille. Dans l'artillerie de campagne deux dixièmes des canonniers ont la taille minima de 1 mètre 60, trois dixièmes celle de 1 mètre 64, cinq dixièmes celle de 1 mètre 66 ; cette dernière taille minima est de rigueur pour l'ensemble de l'artillerie de forteresse.

On nous fait le compte des contingents de l'arme. Le but qu'on se propose est de démontrer que l'armée de la revanche aura à sa disposition 530.063 artilleurs; mais la moitié seulement a reçu l'instruction complète (225.566 hommes); dans la seconde moitié sont compris 122.623 hommes qui n'ont jamais figuré que sur les contrôles ; les hommes restants (181.874 hommes) ont reçu une instruction incomplète.

L'auteur de « *Avant la bataille* » mentionne encore 680 gardes d'artillerie et autres gradés pour prouver que l'artillerie dispose d'un nom-

bre d'hommes suffisant. Puis il passe au matériel. Il se demande lui-même s'il y en a assez
pour ce demi-million de canonniers, et il répond
en énumérant les sommes qui depuis quatorze
ans ont été dépensées pour créer le matériel
d'artillerie. Ces sommes présentent un total de
1,240,000,000 francs.

Cette manière de fournir la preuve est étrange.
mais elle répond bien aux principes qui ont
cours dans la France moderne. Certes, si tout
pouvait s'acheter, nous serions dans de vi-
lains draps, nous autres Allemands ; mais
nos escadrons vaillants, nos courageux bataill-
lons ne combattent plus à la solde de l'étranger;
ils combattent encore moins contre leurs frères
et nous n'en sommes heureusement pas encore
à estimer toute chose uniquement à sa valeur
vénale.

Si j'ai donné les chiffres fournis par l'ouvrage
intitulé « *Avant la bataille* », ç'a été uniquement
pour prouver que la France n'a pas dépensé
ses millions pour la défense de son territoire,
mais uniquement pour préparer une guerre
offensive contre l'Allemagne.

Il a été dépensé : 145 millions de francs pour
l'artillerie de campagne, 233 millions pour
armer les places fortes de l'intérieur, et seule-

ment 46 millions et demi pour la défense des côtes. Et pourtant cette somme minime a été dépensée avant la période où pour les ouvrages qui défendent les côtes françaises on eût dû de toute nécessité renouveler de fond en comble le matériel d'artillerie absolument insuffisant, car c'est pendant cette période qu'on n'a pas cessé un seul jour d'augmenter la force de pénétration des projectiles et l'épaisseur des plaques de blindage des navires.

C'est que l'Allemagne ne menaçait guère les côtes et qu'en conséquence on pouvait bien les laisser à peu près sans défense tandis qu'on armait la frontière de l'Est de toutes les manières en vue de la guerre, alors pourtant que tout Français capable de juger sainement les choses sait fort bien que l'Allemagne ne tire pas l'épée du fourreau sans y être contrainte.

En plus des 454 millions qu'ont coûté les armes à feu portatives et leurs munitions, on sera obligé d'en dépenser un bon nombre d'autres pour donner à l'infanterie le nouveau fusil à répétition ; d'autant plus qu'il nous paraît douteux que les cinq millions de fusils d'infanterie, chiffre que notre auteur trouve si formidable, et qui selon lui existent dans les arsenaux, puissent tous être transformés en fusils à répétition.

Pour former le pendant de ces 5 millions
de fusils, on nous montre 6 milliers de pièces
de campagne ; au total donc il y aurait quatre
millions de soldats français, cinq millions de
fusils et six mille canons de campagne, et tout
cela derrière une ceinture compacte de forts et
de forteresses.

La perspective d'avoir à lutter contre un ennemi aussi redoutable, cette perspective ne fait
pas trembler les Allemands — plus on a d'ennemis, plus l'honneur est grand ! — Mais nous
n'en rions pas davantage, car nous savons le
prix du sang noble et généreux qui devra couler
pour faire disparaître du sol ces masses formi-
dables.

Les tubes, les affûts et les munitions de l'artillerie moderne sont des chefs-d'œuvre créés
par les arts techniques. Pour l'artillerie de campagne le constructeur avait à résoudre un problème tout particulièrement difficile, car il lui
fallait concilier deux choses contradictoires : on
exigeait absolument de lui un matériel qui fût
léger tout en pouvant, dans les terrains les
moins praticables, être traîné à l'allure la plus
rapide par un attelage de six chevaux. Pour
fabriquer cette pièce, on a donc employé la matière première la meilleure. On lui a donné la

forme la plus parfaite afin d'obtenir des pièces
qu'elles rendent le plus possible. Dans les différents pays on s'est efforcé de toute part de réaliser
cet idéal et on a construit un matériel à peu près
semblable à celui des voisins, et cela d'autant
plus facilement que tous les progrès réalisés
par les arts techniques furent bien vite connus
partout.

L'artillerie de campagne française possède
des pièces de trois catégories :

1º Une pièce de campagne du calibre de 90 millimètres (diamètre intérieur du tube), correspondant au
gros canon de campagne allemand de 88 millimètres,
modèle de 1873, pour toutes les batteries montées;

2º Une pièce de campagne du calibre de 80 millimètres correspondant au canon de campagne léger de
l'armée allemande, modèle de 1873 du calibre de
78 millimètres et demi pour toutes les batteries à cheval;

3º Une pièce de montagne démontable, disposée de
façon à pouvoir être transportée par une bête de somme;
cette pièce est du calibre de 80 millimètres. Le poids du
tube pour la pièce de montagne ne dépasse guère deux
quintaux, tandis que le tube de la pièce de campagne
du même calibre pèse huit quintaux et demi.

Les pièces de campagne françaises sont faites
d'après le système du colonel d'artillerie de
Bange. Tout dernièrement, cet officier supérieur
a quitté le service pour prendre la direction de
grandes usines subventionnées par l'État et des-

tinées à faire dans le monde entier concurrence
à l'établissement de Krupp.

L'auteur d' « *Avant la bataille* » mentionne avec
une satisfaction bien visible ce fait que la Serbie
a donné la préférence aux pièces construites
d'après le système français sur celles de Krupp,
malgré les menaces faites par le cabinet de
Berlin. Celui-ci, ajoute notre auteur, avait voulu
de la sorte éviter qu'une puissance, quelque
secondaire qu'elle fût, proclamât au vu et au su
du monde entier la supériorité des pièces françaises sur les allemandes, et il ajoute que sans
nul doute l'Allemagne y regarderait à deux fois
avant de dépenser 400 millions pour renouveler
l'armement de son artillerie.

Cette manière de présenter les faits est loin
d'être conforme à la réalité.

Tout d'abord nous ferons remarquer que la
matière première employée par l'établissement
de Krupp pour la fabrication de ses pièces n'est
nullement identique à celle dont se sert l'armée
allemande.

A la vérité l'établissement d'Essen fournit à
celle-ci plus de matières premières et un plus
grand nombre de pièces toutes achevées que
d'autres usines métallurgiques allemandes : bien
des modèles en outre, construits par les éminents

ingénieurs de l'établissement de Krupp ont
été adoptés par l'administration militaire allemande ; mais la commission d'expériences d'artillerie n'en garde pas moins son indépendance
pleine et entière : les ateliers de construction de
l'artillerie sont loin d'être de simples succursales
d'Essen. En France, tout aussi bien qu'ailleurs,
on sait fort bien que les commissions et les ateliers de ce genre préfèrent de beaucoup leur
propre fabrication à celle de tout autre établissement.

Nous ferons remarquer en outre qu'on peut
fort bien obtenir les mêmes résultats avec des
engins différant entre eux ; et tout aussi peu en
France qu'en Allemagne on mettra au rebut,
pour des défauts peu importants, un modèle sur
lequel on a construit des milliers de pièces. Or
toute machine compliquée a ses défectuosités et il
arrive fort souvent que le dernier venu d'entre
les modèles n'est pas pour cela le meilleur. Si
on avait été amené à constater que le matériel
de l'artillerie de campagne allemande présente
des défectuosités sérieuses, on l'eût d'ores et
déjà remplacé. Nous aussi, nous avons en tout
temps de l'argent pour des choses de cette importance. La prochaine guerre permettra pleine-
nement d'établir une comparaison entre les

systèmes employés de part et d'autre; attendons jusque-là pour formuler notre jugement.

D'aller soutenir que le cabinet de Berlin ait exercé une pression officielle quelconque sur les autorités serbes, cela nous mènerait à avoir une piètre opinion des lecteurs auxquels l'ouvrage intitulé « *Avant la bataille* » est destiné ainsi que de leur jugement. Les gens qui croient cela on peut leur faire croire tout ce que l'on veut, on peut les amener à accepter toutes les insanités possibles.

Les munitions de l'artillerie française consistent en obus, en shrapnels et en mitraille dans une proportion qui est à peu de chose près la même que celle qu'on a adoptée pour l'artillerie de campagne allemande. (Dans la guerre de 1870, des pièces de campagne allemandes n'étaient pas pourvues de shrapnels.) Seulement les batteries françaises ont dans leurs caissons une quantité tant soit peu plus forte d'obus et de shrapnels (elles en ont 140 pour les grosses pièces et 160 pour les pièces légères, tandis que les grosses pièces allemandes n'en ont que 120 et les pièces légères 156).

Les tables de tir des pièces de campagne françaises pour le tir à obus portent comme distance maxima 7.000 mètres, celles des pièces

de montagne 4.050 mètres. (Pour les grosses
pièces de campagne allemandes cette distance
maxima est de 7.000 mètres ; pour les pièces
légères elle est de 6.800 mètres.)

La vitesse initiale du gros obus de campagne
français, c'est-à-dire le chemin que parcourt le
projectile pendant la première seconde dans le
vide, est de 455 mètres (pour le projectile allemand
elle est de 444 mètres) ; celle de l'obus de campagne léger est de 440 mètres (pour le projectile
allemand de 465 mètres) ; celle de l'obus lancé
par les pièces de montagne est de 257 mètres.

La charge de poudre de la grosse pièce de
campagne française est de 1 kilogramme 900
(en Allemagne de 1 kilogramme 500) ; celle de
la pièce légère est de 1 kilogramme 500 (en
Allemagne de 1 kilogramme 250), la charge de
poudre de la pièce de montagne est de 0 kilogramme 400.

Le poids du gros obus de campagne français
est de 8 kilogrammes (en Allemagne de 7) ; celle
de l'obus de campagne léger est de 5 kilogrammes 600 (en Allemagne de 5 kilogrammes 070).

Comme nous l'avons fait remarquer plus haut,
il sera difficile de faire servir ces chiffres à démontrer que l'artillerie allemande est inférieure à

celle de la France. Les hommes compétents, en comparant les pièces des deux armées, pièces qui se ressemblent fort sous le rapport de la matière comme sous celui de la forme, sont amenés à se dire que l'artillerie française a cherché à atteindre les limites extrêmes du possible quant à la vitesse initiale et à la portée, tandis que les artilleurs allemands se préoccupaient surtout de créer un matériel qui fût simple et durable et d'obtenir une bonne efficacité pour le tir à distances moyennes. On serait tenté de rappeler à ce propos la formule des réclames commerciales: « élégance et solidité. »

Jusqu'à l'année 1879, l'artillerie de campagne française possédait une grosse pièce de campagne du calibre de 95 millimètres qui, depuis, a été attribuée à l'artillerie de siège. La pièce de campagne ancien modèle, les mitrailleuses, et spécialement les pièces fabriquées ou achetées au cours de la guerre de 1870 soutenue par la République, ont été attribuées à l'artillerie de forteresse.

L'artillerie de forteresse française est armée actuellement de pièces des modèles les plus divers.

En 1870 et en 1871, on a perdu un nombre considérable de pièces, l'armement des nombreux forts nouvellement construits en a absorbé

un très grand nombre ; de plus on était animé
du désir de pouvoir, dans le plus bref délai
possible, disposer de tout le matériel nécessaire.
Tout cela a forcé l'administration militaire à conserver provisoirement les pièces ancien modèle
en leur faisant subir les modifications voulues.

Mais, en dehors de cet ancien matériel, on a
fabriqué une grande quantité de pièces nouveau
modèle pour toutes les positions et tous les
ouvrages importants. Comme pièces correspondant aux anciens canons de douze, de seize et
de vingt-quatre, on a établi des canons rayés du
calibre de 12 centimètres, de 13 centimètres 8
et de 15 centimètres. Le nouveau matériel de
siège employé également dans les forteresses
comprend des canons du calibre de 9 centimètres
500 (c'étaient anciennement des pièces de
campagne), du calibre de 12 centimètres, de
15 centimètres 5 (canons longs et courts) et
de 22 centimètres ; peu à peu on remplace par
des mortiers du calibre de 9 centimètres, de
15 centimètres 5, de 22 et de 27 centimètres les
mortiers à âme lisse existant encore du calibre
de 15, de 22, de 27 et de 32 centimètres.

En étudiant de près le choix de ces calibres,
on constatera que les artilleurs français étaient
guidés par le désir que les différentes catégories

des pièces soient supérieures aux pièces corres-
pondantes de l'armée allemande (le calibre de
15 centimètres 5 opposé à celui de 15 centimètres, celui de 22 centimètres opposé au
calibre allemand de 21).

Si l'on considère la matière première qu'on a
choisie pour les tubes, on constatera que la France
ne dispose plus d'une quantité considérable de
bronze, cette matière si chère, mais dont il serait
facile de tirer parti en la refondant et en lui
faisant subir de légères modifications. Sous
Napoléon Ier, on avait accumulé en France,
grâce aux canons pris à l'ennemi, aux cloches
sur lesquelles on avait fait main basse, etc., une
masse énorme de bronze. Après 1871, on a pu
voir à Spandau des masses de bronze tout aussi
considérables. Depuis vingt ans le bronze, grâce
au procédé inventé en Autriche, et qui consiste
à tremper les parois intérieures des tubes, est
devenu une matière qui se prête extraordinairement bien à la fabrication des pièces, et l'Allemagne s'en sert pour construire ses canons
nouveau modèle.

L'ouvrage intitulé « *Avant la bataille* » nous
fournit un grand nombre de données sur les
modèles de pièces les plus récents ; je vais en
communiquer à mes lecteurs tout ce qu'elles

contiennent d'intéressant en mettant en regard des pièces françaises les canons allemands correspondants :

	Canon de siège français de 155 millimètres	Canon fretté allemand de 15 centimètres
	tubes frettés en acier, se chargeant par la culasse (1).	
Nombre des rayures ..	48 rayures progressives.	24 rayures hélicoïdales avec un pas de rayures de 8^m,200.
Poids du tube.......	2.530 kilogram.	2.884 kilogrammes 500.
Charge maxima.....	9 kilogram.	6 kilogrammes 200.
Poids de l'obus oblong	40 kilogram.	27 kilogrammes 700.
Vitesse initiale.....	464 mètres.	485 mètres.
Portée maxima :		
1° Si la plateforme est horizontale.....	9.100 mètres avec une élévation de 28 degrés.	7.600^m, avec une élévation de 28 degrés. 8.500^m, avec une élévation de 40 degrés.
2° Si l'affût est enfoncé	10.000 avec une élévation de 36 degrés et demi.	
Projectiles..	obus oblongs. shrapnels. obus en acier. mitraille.	obus oblongs. shrapnels. obus en fonte dure (employés contre les cuirassés.)

1. L'artillerie moderne emploie des tubes faits d'un seul

On voit par ce tableau que le poids du tube du canon français de 155 millimètres est inférieur à celui du canon fretté de 15 centimètres allemand, quoique le calibre de celui-là soit plus fort et que ses projectiles pèsent bien davantage ; les projectiles français, en outre, sont bien plus puissants, leur trajectoire est plus tendue et porte plus loin. Cela constitue une supériorité considérable : mais ces pièces ont leurs inconvénients aussi ; elles fatiguent trop leurs affûts et leurs plates-formes, leur tir est moins sûr à toutes les distances, le poids

bloc et, outre les tubes à manchon formés de deux pièces principales : un tube intérieur qui constitue en quelque sorte le noyau même de la pièce et un manchon qui, étant échauffé, s'ajuste autour du tube intérieur lequel a été au préalable refroidi artificiellement ; enfin des tubes frettés. Pour établir ces derniers, une rangée de frettes est juxtaposée ou plusieurs rangées sont superposées autour du tube intérieur afin de lui permettre de résister davantage à la pression violente des gaz.

Les chaudières à vapeur ordinaires à basse pression fonctionnent en effet avec trois atmosphères à peu près, les chaudières à haute pression des locomotives, etc., ne dépassent guère six atmosphères. La pression du gaz dans les cylindres de l'artillerie qui ont la pression la plus élevée, dépasse fréquemment mille atmosphères. Cette pression, pendant tout le temps qu'elle produit son effet, c'est-à-dire à partir du moment où la charge s'ende leurs munitions est trop considérable.

Les ouvrages établis pour la défense des côtes sont armés, outre les grosses pièces susnommées, d'un grand nombre de canons provenant de la marine ; ces canons n'ont pas le même calibre ; il y a, par exemple, des pièces rayées du calibre de 16 centimètres et, sur les points les plus importants, il y a des canons se chargeant par la culasse, du calibre de 27 centimètres.

Quant aux administrations et aux établissements techniques ressortissant à l'artillerie, il existe des inspections des manufactures d'armes

flamme, jusqu'à celui où le projectile sort de l'arme, est maintenu autant que possible à la même hauteur. On y arrive en établissant une proportion définie entre la grandeur des grains de poudre et la grandeur de la charge et en amenant celle-ci à s'enflammer en un point défini.

Actuellement, on emploie partout, pour les charges les plus fortes, la poudre prismatique. C'est un mélange chimiquement régulier et comprimé sous une pression égale qui contient des grains ayant la forme mathématiquement exacte de prismes hexagonaux à angle droit ; ces grains ont la dûreté de la pierre. Ils sont rangés dans des sachets, avec une exactitude telle que les canaux de combustion cylindriques des différents prismes s'adaptent les uns aux autres et que la formation du gaz commence le plus tôt possible, simultanément sur tous les points.

à feu, des fonderies et des ateliers, l'administration des arsenaux, des poudreries militaires, des
ateliers de pyrotechnie, des fabriques de munitions, du laboratoire chimique, de la biblio-
thèque, du dépôt des cartes et des plans et enfin
du musée d'artillerie logé à l'Hôtel des Inva-
lides.

En fait d'écoles spéciales à l'arme, l'artillerie
compte dix-neuf écoles de brigade pour l'artillerie de campagne établies dans les villes où
résident les généraux commandant les brigades,
treize écoles régimentaires pour l'artillerie de
forteresse et de plus l'école de pyrotechnie, déjà
mentionnée, pour les sous-officiers artificiers;
cette école est établie à Bourges, ville où sont
concentrés les services de l'artillerie.

L'administration du matériel d'artillerie, de
quelque nature qu'il soit, est répartie entre
vingt-neuf directions d'artillerie qui sont dé-
nommées d'après leur résidence; c'est ainsi
qu'on dit : direction d'artillerie de Lille, la
Fère, Reims, Verdun, Toul, Belfort.

Jusqu'en l'année 1885 la fabrication des
armes était régie en France par des lois fort
restrictives à cause des révolutions si fréquentes
dans ce pays, quoique, en 1813 comme en 1870,
ces mesures restrictives eussent empêché de

remplacer en temps opportun les approvisionnements en armes, disparus par suite de
guerres malheureuses. Actuellement la fabrication des armes est libre de par une loi, et dans
les grandes guerres à venir le gouvernement, en
dehors des établissements militaires, pourra
avoir recours à de nombreuses fabriques françaises et éviter, de la sorte, de faire des achats
si coûteux à l'étranger.

La fabrication de la poudre est confiée à un
corps spécial comprenant trente-six ingénieurs
des poudres et salpêtres. Ils sortent, sans passer par aucune autre école spéciale, de l'École
polytechnique et fabriquent toutes les matières
explosibles dont l'État a le monopole. La fabrication se fait dans trois raffineries de salpêtre
et de soufre, dix poudreries, une fabrique de
dynamite et une de fulmi-coton.

Les approvisionnements en poudres se montent, nous dit-on, à 800,000 quintaux. Les poudreries, toujours au dire de nos auteurs, sont
à même de fabriquer, en cas de guerre, 20.000
quintaux par mois.

Le génie et les fortifications.

Dans les deux ouvrages qui nous occupent on renouvelle, à propos du corps du génie, les reproches adressés à l'autre arme spéciale d'être animée d'un esprit de caste très étroit et d'aimer à empiéter sur les autres. L'état défectueux dans lequel se trouvaient les places fortes françaises en 1870 n'a pas peu contribué à amener l'issue fatale de la guerre, mais le corps du génie a échappé au licenciement parce que, immédiatement après la guerre on a eu besoin de lui pour fortifier la nouvelle frontière et pour construire autour des places fortes les plus importantes du pays tout entier une vaste ceinture de forts. A ce moment-là on ne disposait pas d'une armée suffisamment forte et l'on s'exagérait l'importance des fortifications permanentes. Depuis que l'effectif des troupes de campagne a atteint un chiffre tellement considérable, bien des militaires regrettent qu'on ait dépensé des sommes énormes à construire des fortifications ; d'autant plus qu'on croit que les fortifications passagères permettraient de fournir une résistance tout aussi tenace.

Immédiatement après la guerre on élabora le projet de la défense du territoire, et ce projet fut adopté. On y poursuivait tout d'abord le but de mettre les provinces frontières à l'abri des incursions de l'ennemi pendant la période de mobilisation où elles se trouveraient en quelque sorte sans défense ; mais le projet en cours d'exécution fut élargi, on voulut atteindre d'autres buts encore, et les constructions non encore achevées furent modifiées en ce sens ou même totalement abandonnées. Les fortifications que, finalement, on se décida à élever le long de la frontière allemande formeront l'objet d'une description qui figurera dans le dernier chapitre du livre.

Les sommes mises à la disposition du corps du génie se montent à un total de 702 millions de francs : il en a été dépensé 151 millions pour la construction de casernes qui ont dû être élevées pour remplacer les locaux cédés à l'Allemagne en Alsace-Lorraine et, en outre, pour loger l'excédent d'hommes que réclamait l'armée sur un pied de paix singulièrement augmenté ; 6 millions ont été consacrés au matériel du parc du génie, 42 millions à l'organisation militaire du bataillon des chemins de fer, de la télégraphie, du service des ballons et des pigeons voyageurs ; il reste une somme de 95 millions à la disposition du corps du génie pour être dépensée en 1886 et 1887.

L'effectif sur pied de paix du corps du génie, tel qu'il était organisé jusqu'à ce jour, se chiffrait par 914 officiers, 10.502 hommes, 1.007 chevaux ; ce corps comprenait quatre régiments (tenant garnison à Versailles, Montpellier, Arras et Grenoble). Chacun de ces régiments comprenait cinq bataillons de quatre compagnies de sapeurs et de trois compagnies isolées (dont une d'ouvriers des chemins de fer militaires). A chaque régiment ressortit une école régimentaire.

Tout dernièrement on a attribué aux quatre compagnies d'ouvriers des chemins de fer concentrées à Versailles quatre autres compagnies de sapeurs.

Nous avons dit plus haut que d'après le projet de réorganisation actuellement à l'étude une grande partie des sapeurs seront réunis à l'artillerie de forteresse pour former avec elle un corps sensiblement plus nombreux.

A l'avenir, c'est l'infanterie qui sera surtout chargée d'élever les retranchements de campagne.

D'après l'auteur de « *Avant la bataille* » le corps du génie a à sa disposition, en cas de guerre,

1.500 officiers et 72.000 hommes. Presque tous,
parmi ces derniers, ont une instruction suffisante, nous dit-il, parce que, rendus à la vie
civile, ils font le même métier ou un métier à
peu près semblable.

Le corps du génie est chargé de la construc·
tion et de l'entretien des ouvrages de fortification, des casernes, des magasins, etc. A cet
égard, il se divise en 31 divisions territoriales
dont onze sont indépendantes, tandis que les
restantes sont placées par groupes de divisions
deux sous les ordres d'un général de brigade.

L'auteur d' « *Avant la bataille* » explique à
ses lecteurs ce que c'est qu'une « forteresse » ;
il leur dit, en outre, ce qu'il faut entendre
par ces termes : état de paix, de guerre, de
siège dans les places et à qui revient le droit
de proclamer l'un ou l'autre de ces états. Pour
finir, il déclare que le corps du génie s'est
acquitté avec sagacité et ténacité de la mission
qui lui avait été confiée de fortifier à nouveau
les frontières du pays. Il fait suivre cette décla-
ration de quelques considérations qui permettent d'admettre que bien des gens redoutent
de la part des généraux, dans la prochaine
guerre, la tendance de trop opérer dans le voisinage immédiat des places fortes.

La gendarmerie et les prévôtés.

La gendarmerie française comprend la garde républicaine, forte de trois bataillons (de huit compagnies chacun) et de huit escadrons et qui est entretenue à parts égales par l'État et la ville de Paris ; de plus une légion d'Afrique, quatre compagnies de gendarmerie coloniale et cinq de gendarmerie de la marine, et, finalement, vingt légions de gendarmerie départementale.

Dix-huit de ces dernières correspondent aux dix-huit régions de corps d'armée, une au gouvernement militaire de Paris et la vingtième se trouve en Corse. Le nombre des compagnies correspond à celui des départements ; on n'a attribué qu'un détachement au petit territoire de Belfort, tandis que la Corse a deux compagnies. Les compagnies se divisent en brigades (il y a 1.932 brigades à pied et 2.385 brigades à cheval). Tout dernièrement on a diminué le nombre des gendarmes montés qui coûtent fort cher.

Le corps tout entier, composé d'hommes d'élite, comprend 787 officiers et 25.048 hommes avec 13.152 chevaux.

La gendarmerie, ce corps si nombreux et si bien composé, est très important par rapport à l'effectif de toute l'armée parce que, grâce à elle, on n'a pas besoin de troupes pour maintenir l'ordre à l'intérieur et qu'elle sert à compléter la gendarmerie de campagne des corps d'armée.

Les gendarmes allemands chargés du service de sûreté en campagne, qui avaient si bonne mine, ont fait, en 1870, une grande impression sur le public français et par ce qu'on racontait d'eux on a sous bien des rapports fait naître des idées absolument fausses sur la nature du service si important qu'ils étaient appelés à faire. L'opinion la plus répandue était que ces gendarmes de campagne, si sûrs d'eux-mêmes, étaient chargés de fusiller les pires d'entre les déserteurs et de ramener au combat les autres, l'épée dans les reins. C'est de cette manière qu'on expliquait la bravoure désespérée des soldats allemands !

L'intendance et les services administratifs.

Plus on voit s'augmenter l'effectif des armées et par conséquent aussi plus on voit grandir les masses qui, dans les journées qui précèdent la décision, sont réunies dans certaines localités, plus aussi grandit l'importance de l'intendance et des services administratifs qui lui sont subordonnés. C'est des services qu'elle est à même de rendre que dépendront directement dans bien des cas les résultats qu'on pourra obtenir avec les grandes masses de troupes (1).

Jadis l'intendance française jouissait d'une

---

1. La manière dont s'est comportée la 2ᵉ division (Liébert) du 7ᵉ corps d'armée dans la journée du 7 août 1870 (*Histoire de l'armée de Châlons*), prouve que le mode de faire subsister les troupes dans l'armée française peut avoir une influence décisive sur elles. Cette division était arrivée le 6 août à midi à Mulhouse, ville populeuse, et le soir elle reçut des vivres, mais elle ne put les faire cuire faute de bois. Le 7 août au matin, on fit une distribution de bois ; on se mit à faire la soupe ; mais avant que les aliments fussent cuits, la troupe dut se mettre en route : la nouvelle de la bataille de Wœrth venait d'arriver et les démonstrations du colonel wurtembergeois de Seubert faisaient craindre que la ligne de retraite ne fût coupée depuis Huningue. Pendant plusieurs heures, les troupes affamées durent stationner près d'un pont sur le canal du Rhône au Rhin ; quand on put continuer la marche, elles se débandèrent en partie. Beaucoup de soldats injuriaient leurs officiers et jetaient les fusils et les sacs. La division arriva fort tard dans la soirée à Belfort, avec la moitié de son effectif, sans avoir vu l'ennemi. Quelques semaines plus tard, cette même troupe se battit fort bravement, quoique le service des vivres eût laissé beaucoup à désirer.

grande indépendance. Au cours de la guerre
de 1870 et de 1871 elle n'a pas été à la hauteur
de sa tâche, aussi a-t-elle été réorganisée et l'a-
t-on subordonnée davantage aux généraux
commandant les corps de troupe. Jusqu'ici les
fonctionnaires de l'intendance se recrutaient
parmi les capitaines de l'armée active par voie
de concours : on choisissait entre un grand
nombre de candidats ceux qui paraissaient être
les plus aptes aux fonctions administratives ;
mais en ces derniers temps la tendance s'accen-
tue tous les jours davantage de choisir de préférence les fonctionnaires de l'intendance dans
les rangs des officiers d'administration qui sont
déjà au courant du service.

Nous ferons remarquer à ce propos qu'en
Allemagne aussi on a fait un essai de ce genre ;
mais entre tous les officiers de l'armée active
employés dans les services de l'intendance un
petit nombre seulement d'hommes particulièrement bien doués ont pu soutenir la comparaison avec les fonctionnaires spéciaux du ressort,
qui tous savent leur métier à fond.

Actuellement on est parvenu à concilier le
plus possible les attributions de l'intendance
française avec les besoins et les intérêts des
troupes. Cependant, à en juger par certaines

paroles échappées aux auteurs de « *Avant la bataille* » et de « *Pas encore* », on n'a pas encore pu trouver une solution absolument satisfaisante à cette question si compliquée.

Les deux ouvrages nous fournissent de nombreuses données toutes spéciales sur le service des subsistances. Il en ressort que l'expérience désastreuse faite en 1870 (1) a été cause qu'on s'est livré à un travail minutieux, où toutes les éventualités ont été prévues. On a établi des magasins pouvant suffire à tous les besoins, sur des points bien choisis. On y a accumulé des provisions représentant, non seulement des

1. Les corps d'armée français qui se concentrèrent sur la Saare dans les derniers jours de juillet, étaient, dès le 1er août, obligés de vivre exclusivement sur les approvisionnements de la place de Metz ; mais il ne s'y trouvait que de petites quantités de biscuit et de lard, il n'y avait ni riz, ni avoine, ni café, ni sucre, etc. Les fours de campagne faisaient absolument défaut. Les vivres de réserve des troupes furent dévorés dès le début et plus tard il ne fut plus possible de faire entrer dans la place de Metz des vivres en quantité suffisante.

A Strasbourg, il en était de même ; ce n'est que le 20 juillet qu'on procéda à la soumission des fournitures les plus indispensables en fait de vivres. Le ministère demanda des vivres aux places fortes les plus éloignées du théâtre de la guerre, telles que Mézières et Sedan ; il lui fut répondu qu'il n'y en avait point. On avait compté trop sûrement envahir le territoire allemand.

quantités considérables, mais pouvant en outre répondre à tous les besoins. Le service de subsistances des troupes pendant les transports et pendant les opérations est réglé par un grand nombre de dispositions spéciales. Le mode d'après lequel les vivres sont répartis entre les colonnes du train, les voitures des régiments et les soldats eux-mêmes est tel qu'on est en droit d'admettre qu'à l'avenir on préférera charger lourdement les hommes plutôt que de les exposer à souffrir la faim (1).

La ration de campagne journalière du soldat français correspond à peu près aux quantités qu'il est d'usage d'accorder aux soldats dans l'armée allemande. Cependant il y a quelques différences portant sur des points spéciaux. Nous allons donc en indiquer la composition :

Pain de biscuit (2) 0 kil. 700 ou biscuit 0 k. 550 ; pain de soupe 0 k. 250.

1. On pouvait d'ailleurs constater la même tendance dès 1870, pendant la période où la République soutint la guerre contre l'Allemagne et même dans la garnison de Paris assiégé, quoiqu'il ne s'y trouvât pas de vivres en grande abondance. Même dans le courant du mois de janvier, il nous arriva un déserteur ayant le sac et la musette littéralement bourrés de biscuit ; il nous déclara que tout son corps avait reçu les mêmes quantités en vue d'une sortie.

2. En France, on emploie presque partout, et en quan-

Viande : viande fraîche 0,300 ou viande de conserve 0,200, ou bœuf salé 0,300, ou lard salé 0,240.

Petits comestibles : riz, deux jours sur trois 0,030 ou haricots, pois, lentilles, etc. 0,060, herbes potagères et condiments, sel 0,016 ; sucre 0,021 ; café grillé non moulu 0,016 ou café vert 0,019.

Boissons : vin, 0 litre 250, ou bière 0,500, ou cidre 0,500, ou eau-de-vie 0,062.

Mais ces boissons ne sont pas distribuées

tités plus grandes, différentes espèces de froment à la fabrication du pain; celui-ci est donc, sauf de rares exceptions, plus blanc et plus tendre que le pain dont se nourrit la partie moyenne de la population en Allemagne. En outre on cuit en France de grandes galettes plates, dures, presque carrées, semblables à nos pains d'épice et faites avec une pâte de farine contenant du sucre et un mélange d'aromates. Ces galettes, si elles sont bien au sec, ne s'altèrent pas de longtemps et peuvent fort bien servir à remplacer le pain. Enfin on a recours, dans bien des cas, à un procédé qui consiste à griller le pain.

En Allemagne, les boulangers seuls sont d'ordinaire à savoir qu'avec des brioches rassies on peut faire des brioches fraîches en les échauffant vivement, ou qu'il est possible de produire un biscuit bon à manger en échauffant des tranches de pain rassis sur la plaque de fonte du foyer.

Un jour, un Français de la bonne société avec lequel je m'étais fort lié, me présenta, — nous étions assis à une table autour de laquelle étaient placées des dames françaises — un pain de munition allemand : « N'allez-vous pas convenir, me dit-il, que vous êtes un barbare ? » Je pensai aux miches gigantesques de pain sur et noir comme partie intégrante des rations journalières ; elles ne sont accordées aux hommes que sur l'ordre du général en chef. L'auteur de « *Avant la bataille* » demande que cette disposition soit modifiée ; il se livre à ce propos à des considérations fort pratiques et assez détaillées, au cours desquelles il recommande également de distribuer aux hommes des cartes postales affranchies et une quantité de tabac suffisante

de la Westphalie (neuf dixièmes de nos lecteurs ne connaissent que le *Pumpernickel* perfectionné) ; je pensai au pain d'avoine desséché de nos pays de montagne — j'avais mangé de l'un comme de l'autre sans en être le moins du monde incommodé, et, plein de contrition, j'avouai que mon estomac au moins était un grand barbare.

Grâce à cette barbarie des estomacs allemands, nous avons dans beaucoup de nos guerres conservé bien des dizaines de milliers de soldats ; mais je n'en espère pas moins que, dans la prochaine guerre, nos troupes n'en seront plus réduites à manger exclusivement le biscuit de mer dur comme le fer et constituant sous le rapport de la forme comme de la matière première une vraie nourriture de sauvages. Sous ces deux rapports il y a moyen de réaliser un énorme progrès ; nous l'avons appris en France. Naturellement il ne faudrait pas habituer les troupes à une nourriture par trop raffinée, ce serait une faute au point de vue militaire. De tout temps il est mort à l'étranger une foule de Français uniquement parce que leur estomac était trop délicat. Il s'agit de trouver, à cet égard aussi, un juste milieu.

pour leur permettre de fumer à peu près six pipes.

A ce propos il raconte, pour bien faire voir l'esprit formaliste dont sont animées certaines administrations, l'anecdote suivante : Quand, en 1871, la brave garnison de Belfort quitta la place avec tous les honneurs de la guerre, on avait réparti entre les hommes tous les approvisionnements de la manufacture impériale des tabacs. Plus tard, on voulut faire payer aux officiers des différents corps tous les cigares fumés par leurs hommes et ils n'échappèrent qu'à grand peine à la singulière contribution qu'on voulait leur imposer de la sorte.

L'ouvrage intitulé « *Avant la bataille* » nous fournit des indications sur bien des points de détail. Sans m'astreindre à suivre l'ordre logique, je relèverai les faits suivants :

Le poids total que le soldat d'infanterie ayant l'équipement prescrit pour la tenue de campagne doit porter se monte à 29 kilogrammes. Tout régiment d'infanterie est suivi d'une voiture contenant les effets, la chaussure et le linge nécessaire à 150 hommes.

Pour reconstituer les magasins qui, en 1871, étaient complètement vides, il a fallu, en dehors des dépenses courantes couvertes par le budget, 85 millions (au total 49 millions pour le blé, la farine et les autres provisions de bouche, 17 pour les fourrages, 4 pour le combustible, 19 pour les outils de toute sorte). Pour l'habillement, la chaussure, les différentes pièces constituant l'équipement, le campement, on a dépensé 242 millions de francs.

Jusqu'en 1885 chaque soldat payait lui-même ses effets d'habillement et d'équipement. L'argent était fourni par un compte spécial à chacun des hommes (1). On voulait par là les amener à ménager leurs effets et à en avoir le plus grand soin. Depuis, on a renoncé à procéder de la sorte.

Les fournitures sont soumissionnées par des entrepreneurs civils : il se produisait jadis de fréquents abus (2) ; on y a remédié en soumettant

1. Il en est résulté que jusqu'à ce jour les parties de l'habillement qui fatiguaient le plus, comme par exemple les pantalons garance, présentaient dans les compagnies un aspect qui différait fort d'homme à homme, tandis que les effets des compagnies allemandes renouvelés en entier ou à demi ont un aspect uniforme.

2. En 1871, on fit porter à des corps de troupe allemands des bottes tombées entre nos mains par suite de la reddition de places françaises. On ne put pas les porter en compte, même pour une durée considérablement diminuée, parce que leurs semelles de carton tombaient à la première pluie. Par les pires temps d'hiver la même chose arriva à des troupes françaises.

les fournitures à un examen fort sévère et en
faisant des essais de mobilisation sur une petite
échelle. On a eu soin surtout de réagir contre
la tendance — qu'il n'est pas rare non plus de
voir se produire dans l'armée allemande — de
faire des tuniques de grande tenue trop col-
lantes ; elles sont nuisibles à la santé, gênent les
fantassins de la ligne, les réservistes y sont par
trop à l'étroit et les hommes de l'armée territoriale n'en peuvent plus du tout tirer parti (1).

1. Il est non seulement essentiel pour les hommes,
mais encore pour les officiers, que les effets d'habillement puissent servir à la guerre. Dans les bivouacs des
grandes manœuvres les jeunes sous-lieutenants qui
n'ont pas fait campagne n'apprennent pas suffisamment
à leur détriment qu'ils ont grand tort de porter des
pantalons qui collent d'une façon ridicule, et d'autres
effets de fantaisie. Qu'ils n'aillent pas s'imaginer qu'en
cas de mobilisation soudaine les effets d'habillement
commodes dont ils auront besoin pour pouvoir faire
campagne se trouveront sans difficulté aucune. En 1870,
à Reims, déjà il m'a fallu prêter à l'un de mes officiers,
qui pourtant n'était plus un tout jeune homme, un
effet d'habillement indispensable, vu que le sien n'était
plus présentable, à la promenade publique ; et pourtant
il y avait à peine deux mois que nous étions entrés en
campagne. Je lui connaissais fort bien, avant notre départ, cette pièce ridicule ; mais il ne m'appartenait pas
de la lui faire changer, car nos supérieurs se préoccupaient surtout de la forme des éperons et des sabres ;
ils n'avaient d'yeux que pour cela. Il faut dire que notre

Le corps de l'intendance française comprend 697 fonctionnaires assimilés aux officiers de différents grades ; ils sont assistés de 2,264 officiers d'administration. Il y a un intendant militaire dans chacun des dix-neuf corps d'armée ; il y en a en outre un qui est attaché au gouvernement militaire de Paris, un autre à Tunis, un enfin à Hanoï.

Le corps de l'intendance comprend trois services : les bureaux de l'intendance, le service des vivres et celui de l'habillement (1). Il existe 25 sections d'officiers et d'ouvriers d'administration ; leur effectif en temps de paix se monte à 9.534 hommes, en cas de mobilisation il est porté à 27.410 ; l'auteur de « *Avant la bataille* » compte qu'en cas de besoin les vingt-cinq sections de l'armée active et les dix-huit de l'armée territoriale disposeront d'un nombre total de 70.000 hommes.

Il nous donne la nomenclature des magasins de vivres et de fourrages. Il en ressort que la

dernière guerre datait de quatre ans seulement et que nous ne comptions que peu d'officiers n'ayant pas fait campagne.

1. En Allemagne, ce sont les corps de troupe qui ont exclusivement à s'occuper de tout ce qui concerne l'habillement.

sixième région, celle du Nord-Est, possède douze grands magasins, tandis qu'un certain nombre de régions de corps d'armée du Sud-Ouest n'en ont qu'un seul. Paris également est bien pourvu. C'est dans cette ville que se trouve l'école pratique de boulangerie de campagne.

En dehors des grands magasins militaires, il existe dans un certain nombre de villes situées à proximité de la frontière de l'Est, par exemple à Nancy et à Lunéville pour les avant-gardes, à Sainte-Menehould, Bar-le-Duc, Ligny, etc. pour l'aile gauche de l'armée principale, des magasins généraux que des négociants se sont engagés de tenir au complet, dans les proportions fixées par les cahiers de charges, en échange d'une subvention annuelle. Grâce à cette mesure, ces magasins jouissent, en temps de guerre, de la protection assurée à toute propriété privée ; elle permet d'en renouveler le contenu par la voie ordinaire du commerce et met l'État à l'abri du danger de subir de grandes pertes, telles qu'il en subirait si les marchandises accumulées dans des magasins à lui venaient à se gâter.

Dans les gares désignées pour la halte de midi des troupes en train de se concentrer sur la frontière, on a disposé des magasins et des locaux pour y établir des cuisines ; le matériel et les ustensiles destinés à préparer le repas sont entretenus en bon état.

La confection des effets d'habillement, de chaussures, des effets d'équipement, de campement, etc., est soumissionnée par des entrepreneurs civils. La durée de leur contrat est de neuf années ; ils font fabriquer, sous la surveillance de l'intendance, ces différents objets dans onze grands ateliers établis dans différentes villes, les plus considérables du pays. Certaines matières premières (par exemple le drap) sont fournis par l'État aux entrepreneurs, tandis que ceux-ci en achètent d'autres directement (le cuir par exemple).

De l'énumération des magasins d'habillement, il ressort que, dans beaucoup de cas, les hommes de la réserve seront directement dirigés sur les points où s'effectue la concentration des corps de troupe auxquels ils appartiennent.

Depuis 1871, le droit de faire des réquisitions est réglé par une loi spéciale, qui a pris en considération, d'une part, les intérêts de l'armée et, d'autre part, ceux des habitants, mais qui, d'une manière générale, accorde aux généraux commandant les différentes unités des attributions fort étendues à partir du jour où l'état de guerre est proclamé.

L'auteur de « *Avant la bataille* » émet l'avis que cette loi devra être apliquée également et sans restriction aucune en pays ennemi. Les dévastations des armées de Louis XIV, les réquisitions des armées de la première République française et de Napoléon Ier, où l'on prenait sans pitié aux habitants jusqu'à leur dernier liard, jusqu'à leur dernière bouchée de pain, nous amènent à reconnaître que cette loi constitue un grand progrès de la civilisation ; cela ne nous empêchera pas de déployer le plus de forces possible, et cela en temps opportun, pour prévenir toute réquisition de guerre sur le territoire allemand. D'autre part, il y a lieu d'espérer que, dans une guerre à venir, les habitants paisibles de la France ne quitteront plus leurs habitations et n'iront plus de la sorte, et sans nécessité aucune, augmenter encore les maux que la guerre entraîne après elle.

Le service de santé.

Le service de santé dans l'armée française a conquis son indépendance après avoir dû soutenir une longue lutte. Mais cette indépendance entraînera forcément pour tous les services et tous les fonctionnaires une responsabilité pleine et entière, et l'obligation de savoir prendre l'initiative par tout où besoin sera. La prochaine guerre seule pourra fournir la preuve que ce service, dans sa nouvelle organisation, sera à même de donner des résultats meilleurs que ceux qu'on en obtenait jadis.

En cas de mobilisation, l'armée active compte 2.359 médecins, l'armée territoriale 2.379 ; en fait de pharmaciens, celle-là en comptera 220, celle-ci 269. Les services administratifs attribués au corps de santé comprennent 877 officiers d'administration et 5.475 infirmiers répartis en vingt-cinq sections. Dix-huit de ces sections correspondent aux dix-huit corps d'armée de la France continentale, trois à l'Algérie et à la Tunisie, trois au gouvernement militaire de Paris, une à celui de Lyon. Sept de ces sections n'ont pas leur portion principale en garnison dans la ville où se trouve le quartier général du général commandant le corps d'armée.

En dehors des vingt-cinq sections de l'armée active il y en a dix-huit de l'armée territoriale. L'auteur de « *Avant la bataille* » donne comme nombre total du personnel du service de santé

disponible en cas de guerre le chiffre de
90.443 hommes. Rappelons à ce propos que, pendant la guerre de 1870, il y a eu de présents à
l'armée allemande et dans les aubulances de
seconde ligne 7.022 médecins militaires, 8.336 aides-chirurgiens, 12.707 infirmiers, 7.800 brancardiers (en dehors des brancardiers auxiliaires
fournis par les corps de troupe), 606 pharmaciens, 254 pileurs, 1.309 fonctionnaires chargés
du service des ambulances ; il y avait en outre
523 officiers, 8.398 soldats du train, ce qui donne
un total de 46.954 hommes.

L'auteur, en outre, indique quelles sont les différentes tâches qui incombent au corps des médecins militaires et il nous dit quelle est l'organisation du service dans chaque corps d'armée.

Puis il passe à la Convention de Genève, à la
Société française des secours aux blessés des
armées de terre et de mer, et à ce propos il
exprime le désir de voir organiser dans toutes
les villes françaises situées dans le voisinage de
la frontière orientale, des ambulances par tous les
membres de la Ligue des Patriotes, non appelés
sous les drapeaux. L'auteur de « *Pas encore* »
répond à cela qu'il faudra attendre que la Ligue
ait fait ses preuves et démontré que son action
porte des fruits. Dans la dernière guerre déjà,

on aimait en bien des localités à hisser le drapeau
blanc avec la croix rouge, et il m'est arrivé à plusieurs reprises de tirer parti d'ambulances privées
de ce genre qui ne possédaient qu'un malade,
dont elles faisaient parade, ou qui n'en possédaient même pas du tout, pour y loger mes
hommes fort bien portants d'ailleurs.

Ensuite on nous parle des moyens de transport pour les hommes blessés sur le champ de
bataille et de la manière spéciale dont sont dis-
posés les wagons de chemin de fer pour le
transport des blessés. Pour prouver qu'en
France ce service est des mieux organisés, on
nous cite ce fait que, dans un concours organisé
sous le patronage de l'impératrice Augusta le
prix unique a été décerné *ex æquo* à un modèle
français et à un allemand. Sa Majesté, ajoute-
t-on, a eu la gracieuseté de décerner deux prix
de valeur égale.

Le matériel des ambulances militaires est,
nous dit-on, l'égal de celui de la Croix-Rouge.
Depuis l'année 1871 on a dépensé plus de
19 millions de francs pour tenir au complet la
provision de médicaments, les trousses de pan-
sement, le magasin des instruments de chi-
rurgie et les appareils et ustensiles de toute
sorte destinés aux malades.

Pour empêcher les erreurs si fréquentes qui se produisaient dans l'établissement des actes de décès, chaque soldat est nanti d'un médaillon contenant toutes les indications nécessaires pour établir son état civil ; il porte cette plaque attachée à un cordon autour du cou.

La France continentale compte 42 hôpitaux militaires et, en outre, il y a 140 hôpitaux civils qui reçoivent les malades provenant de l'armée. En Algérie, il y a 45 hôpitaux ou ambulances militaires, en Tunisie il y en a seize.

Les chemins de fer ont une organisation spéciale très complète en cas de guerre ; les gares désignées *ad hoc* contiennent des salles pour les malades et les stations qui sont têtes de ligne ont des ambulances ; il y a des trains ordinaires et des trains express pour les malades , il y en a où figurent des wagons de classes différentes.

L'auteur s'étend longuement sur toutes les dispositions prises en faveur des blessés dans le but de rassurer les citoyens sur le sort de ceux de leurs enfants qui se trouveront en face de l'ennemi. Ce même but, on le poursuivait en donnant un tableau d'ensemble des pertes subies pendant la guerre de Crimée, celle d'Italie et la guerre de 1870. On remonte même jusqu'aux pertes éprouvées en Espagne de 1811 à 1814. L'auteur cherche à démontrer que les pertes causées par les armes ennemies sont plus faibles que celles qui sont provoquées par les maladies de toute sorte ; que, en outre et les blessures graves et celles qui sont mortelles sont bien plus rares que les blessures légères. Par rapport à la guerre de 1870, on profite de ce que les listes officielles des hommes tués font défaut pour cacher les pertes énormes subies pendant cette guerre.

On ne saurait s'étonner qu'un bon Français n'aime pas à parcourir ces pages si tristes de l'histoire nationale ; mais ce que nous ne comprendrons jamais, nous autres Allemands, c'est qu'on essaye, en défigurant grandement la vérité, de faire croire au public français qu'une guerre contre l'Allemagne serait chose facile

Si la Ligue des Patriotes réussit à infester davantage encore le peuple français, la prochaine guerre aura de prime abord un caractère impitoyable, ce qu'on ne pourrait que déplorer. Même en plein dix-neuvième siècle, vis-à-vis d'un ennemi entraîné de la sorte, il n'est, selon moi, pas impossible du tout que nous marchions en ayant pour mot d'ordre : pas de quartier !

Les Allemands sont, comme chacun sait, fort bons enfants, ils avalent bien des couleuvres,

mais ils finissent par devenir désagréables et
ils le deviennent d'autant plus qu'on les a plus
longtemps agacés. Et, une fois lancés, leurs
chefs ne peuvent plus répondre d'eux. S'il est
des hommes, ce qui nous paraît douteux, qui
conservent, jusqu'au moment où les fers se croi-
seront, leurs' rêves d'humanité entretenus dans
leur cabinet et autour du tapis vert, eh bien,
qu'ils le sachent, ils seront impuissants, leur
autorité ne s'étendra pas au delà de leur chan-
cellerie.

Sous ce rapport, la dernière partie de la
guerre de 1870-1871 fournit des enseignements
fort intéressants pour celui qui sait le fin mot
des choses. Moi-même j'ai eu, à ce moment-là,
l'occasion de constater avec quelle étrange
régularité les projectiles s'égaraient de la route
qui leur avait été assignée. C'est là la cause
pour laquelle l'état-major général prussien à
Versailles dut prescrire les doses homéopathi-
ques que l'on sait, d'obus destinés à l'intérieur
de Paris. Il faut dire que les soldats allemands
avaient été mis hors d'eux-mêmes par bien des
traîtrises ; jusqu'au mois de septembre 1870,
pas un obus de plus que le nombre prescrit
n'eût été lancé dans Paris, et il est à supposer
que bien des servants auraient oublié d'adapter

par-ci par-là à leurs projectiles la vis d'amorce.

Je conseillerai aux Français de ne pas proclamer la guerre sainte contre nous; nos orphéonistes bons enfants se transformeraient remarquablement vite en loups dévorants. Moi-même je désire la guerre, mais je la désire comme étant l'*ultima ratio* pour le cas où nul autre moyen ne saurait plus être trouvé pour faire cesser l'état de guerre permanent où l'on se trouve en deçà et au delà des Vosges. Et alors je désire qu'on la fasse sans blesser les convenances, comme il convient à deux nations très civilisées, qu'on la fasse avec cette arrière-pensée que la saignée amènera forcément une situation meilleure.

Si je croyais qu'après la prochaine guerre une autre Ligue des Patriotes pût encore trouver un terrain propice, je tiendrais cette guerre pour superflue, et ceux qui l'auraient fomentée, je les tiendrais pour des fourbes et des sots.

L'auteur de « *Avant la bataille* » indique quelles sont les pertes subies par l'armée allemande dans la dernière guerre. Les données ne sont pas exactes. Il lui aurait certes été facile, à lui qui sait si bien se servir des livres qui ont paru sur la matière, de trouver les

chiffres exacts, vu qu'ils sont indiqués dans
l'ouvrage de la section du grand état-major
allemand s'occupant des travaux d'histoire militaire. Il les eût trouvés dans la II° partie, III°
volume, à la page 875 ; les voici :

	Officiers.	Hommes.
L'armée allemande a perdu en tués ou morts par suite de leurs blessures..........	1.871	26.367
Blessés..............	4.184	84.304
Disparus..................	102	12.752
Au total......	6.167	123.453

Voici les chiffres que nous donne l'auteur de
« *Avant la bataille* » :

17.570 morts (en réalité nous avons,
   en comptant les hommes disparus. 41.122
   Et en ne les comptant pas........ 28.268).
127.867 blessés (en réalité il y en a. 88.488).

Ce chiffre de morts porté ci-dessus et qui a été
abaissé à dessein, l'auteur le compare et l'oppose
à l'effectif de l'armée allemande telle qu'elle se
trouvait au 1ᵉʳ mars 1871 sur le territoire allemand. Selon lui cet effectif se montait à 936,915
hommes. Ce chiffre n'est pas non plus exact.

Ont pris part à la campagne, c'est-à-dire ont
franchi la frontière française:

33.101 officiers, médecins militaires, fonctionnaires.
1.113.254 hommes ; donc, en tout,
1.146.355 hommes.

9

Dans ce nombre sont compris beaucoup de fractions de troupes, etc., qui n'ont jamais pris part à aucun engagement, et dès lors il ne saurait servir de base à une comparaison. Qu'est-ce qui nous empêcherait en effet de faire entrer en ligne de compte tous les combattants restés dans la mère patrie (nombre de la moyenne la plus élevée du mois de février, 1,350,078 hommes), pour les opposer au chiffre de ceux qui sont tombés pendant la guerre? Faites mieux, prenez le nombre total de la population! La proportion entre les combattants et les tués serait alors plus encore au gré de l'auteur de « *Avant la bataille* ».

Pour établir cette comparaison, le mieux est de prendre l'effectif total de l'armée de campagne allemande au 1ᵉʳ mars 1871 (page 792 de l'ouvrage ci-dessus mentionné), et qui était de:

683,672 hommes, y compris les non-combattants.

En comptant ces derniers, on aura une balance à peu près satisfaisante entre les combattants qui étaient à ce moment-là pour une cause ou une autre en route afin de rejoindre en Allemagne les troupes de dépôt et les non-combattants qui par rapport aux blessures reçues sur

le champ de bataille n'entrent presque pas en
ligne de compte.

Si l'on place ce chiffre en regard du nombre
.des hommes morts et disparus, on obtiendra
le résultat suivant : l'armée allemande a
eu 1 homme mort sur 17 qui ont pris part aux
engagements. Transigeons avec l'auteur de
« *Avant la bataille* », forçons à son avantage et
disons 1 mort sur 20 combattants, soit 5 pour 100.
Or, pour rassurer le public français, il admet lui
le chiffre de 3 pour 100.

Mais son livre, à la page 292, contient une
erreur plus grave que celles que nous venons
de relever.

Dans l'ouvrage du grand état-major prussien
intitulé : *La Campagne de* 1866 en Allemagne,
nous trouvons à la page 728 les chiffres suivants :
hommes tombés devant l'ennemi : 4.560;
hommes morts de différentes maladies, 6.427, en
tout 10.877.

Et dans « *Avant la bataille* » nous lisons à la
page 292 : hommes tombés devant l'ennemi,
2.931 hommes; morts de différentes maladies,
6.427, total 9.358.

L'auteur avait donc sous les yeux l'ouvrage
du grand état-major, et malgré cela les chiffres
ne sont pas exacts.

Les armées françaises ont subi pendant la
guerre de 1870-1871 des pertes extraordinairement sensibles. Mais non seulement on n'a
pas tenu à en connaître le chiffre exact, on était
en outre dans l'impossibilité de le fixer, vu que
beaucoup de documents indispensables ont été
anéantis puisqu'ils se trouvaient dans les re-
gistres et écritures des corps de troupe faits prisonniers ou anéantis ou bien dans les mairies du
pays envahi (1).

Il y a eu des batailles et des engagements où
les Allemands qui avaient pris l'offensive perdirent plus de monde que les Français restés
sur la défensive, par exemple (2),

1. Pendant le siège de Paris, je fus cantonné longtemps
dans une petite localité qui avait, avant que ma batterie
vînt s'y établir, servi de gîte à toute sorte de troupes de
passage. Il n'y avait plus ni portes ni fenêtres ;
tout avait été brûlé. Nous en fîmes venir de Choisy-le-
Roi. Ce que nous ne pouvions remplacer, c'étaient
les actes de la mairie, lesquels avaient également été la
proie des flammes. Je ne trouvai plus que les beaux
restes, des débris de leurs épaisses reliures. J'en fis un
beau tue-mouches qui me permettait d'en tuer beaucoup
à la fois ; c'était bien là mon métier d'artilleur que
je faisais.

2. Ces exemples n'ont pas été choisis soigneusement par
moi : en feuilletant l'ouvrage du grand état-major
allemand, je les ai transcrits dès que, d'après ce livre, les
indications étaient certaines et non vagues.

A Spichern, 6 août 1870.

Mais leur nombre est minime, comparé à celui des batailles et des engagements dans lesquels les pertes subies par les Français furent sensiblement plus grandes, par exemple :
à Sedan, 1er septembre 1870 :

Morts et blessés.

Allemands.... 8.960 hommes.
Français...... 17.000 hommes (chiffre le plus bas).

A Villiers et dans les attaques simulées se rapportant à cet engagement, du 29 novembre jusqu'au 2 décembre 1870 :

Pertes des Allemands............... 6.200 hommes.
Pertes des Français (d'après Ducros)
   plus de...................... 12.000 —

Quant aux places assiégées, l'histoire militaire permet d'établir que les pertes de l'assiégeant sont de beaucoup inférieures à celles du défenseur, c'est ainsi que, par exemple,

A Strasbourg :

Les pertes de la garnison furent de 2.500 hommes; en y comprenant les victimes faites par le bombardement dans la population civile, elles se montent à 4.300 personnes tuées ou blessées.

Les pertes du corps de siège se montèrent
à 433 hommes.

A Belfort,
les pertes totales de la garnison d'après le
rapport du colonel Denfert se montent à 302
officiers et à 4.713 hommes.

La perte totale du corps de siège fut de 88
officiers et de 2.049 hommes.

La différence entre le nombre des victimes
faites par la guerre d'une part dans l'armée
allemande, d'autre part dans celle des Français, paraîtra le plus sensible si l'on compare
l'état sanitaire des soldats français tout jeunes,
misérablement logés dans des casernements
provisoires, à celui des soldats allemands établis dans leurs casernements normaux dans le
pays même, enfin quand on revoit en esprit
les masses armées de Bourbaky mises en dé-
route et se débandant dans les cols des Alpes
remplis de neige et les centaines de milliers de
prisonniers de guerre (1).

1. Je ressentis une émotion profonde quand, dans les
dernières semaines de l'année 1871, je visitai le cimetière de Falkenberg, en Silésie, cimetière que les prisonniers français avaient établi pour ceux de leurs camarades qui étaient morts en captivité. Il y avait là de
nombreuses rangées de tombes surmontées de simples

Dès 1870, on peut constater la tendance à laquelle on obéissait de cacher au peuple français le chiffre élevé des pertes. Gambetta savait fort bien que de révéler la vérité, cela reviendrait à amener la fin de la guerre. Est-ce qu'on voudrait remettre en vigueur cette triste méthode du mensonge systématique ?

Services et moyens de transport, de communication et de correspondance.

Les Français ont l'instinct de la centralisation, de la concentration. A bien des points de vue on en retire de grands profits, mais sous d'autres rapports ce système présente de graves inconvénients ; l'auteur de « *Avant la bataille* » aussi obéit à cet instinct lorsqu'il demande que le service de transport tout entier soit centralisé dans un bureau spécial du ministère de la guerre : le train, le service des chemins de fer militaires, les transports par eau, le corps des

croix en bois; ils avaient élevé une chaire faite avec des branches d'arbres. Il était facile de voir que le prêtre y était monté bien des fois. Or ce camp était établi dans une contrée des plus salubres où j'avais souvent campé au milieu de troupes nombreuses, jouissant d'une santé parfaite.

pontonniers, la télégraphie, les postes, la navigation aérienne, le service des pigeons voyageurs. Quel caléidoscope !

Le train des équipages.

Le train des équipages comprend 20 escadrons (chacun de trois compagnies) pour l'armée active, 18 pour l'armée territoriale ; sur
pied de paix il s'y trouve 4.120 officiers,
9.128 hommes dans les escadrons, 2.300 détachés comme ordonnances d'officiers montés
et il fournit des conducteurs d'attelages et de
voitures à l'administration militaire, aux ambulances, au service de la poste et de la télégraphie de campagne, de même qu'aux états-ma-
jors en dehors de ceux des corps de troupe. On
a dépensé depuis 1871 pour ce service 27 millions de francs pour le matériel roulant et 13
millions pour le harnachement.

A en croire l'auteur de « *Avant la bataille* »,
aucune autre nation militaire ne possède un
corps du train aussi bien organisé et aussi nombreux, tout y est prêt jusqu'au dernier bouton,
jusqu'à la dernière boucle.

Ce qui est hors de doute, c'est qu'on a fait

disparaître bien des défectuosités dont on a pu
s'apercevoir en 1870 ; on a surtout paré au
danger le plus grand, celui qui consistait à
accumuler un matériel énorme en un seul et
même endroit.

Le service des chemins de fer.

Lors de la guerre de Crimée déjà, la France
a été dotée d'un règlement pour les transports
militaires par chemins de fer ; la guerre d'Italie ne
fit que montrer davantage et par les faits mêmes
la grande importance, tactique et stratégique,
des voies ferrées. Malgré cela on n'avait pas
continué à développer et à étendre l'organisation
des chemins de fer au point de vue militaire.

En 1866, à la vérité, on avait remarqué les
grands services que les chemins de fer prussiens rendirent à l'armée, on avait institué une
commission spéciale qui, sous la présidence du
maréchal Niel, essaya, en vingt-neuf séances,
d'élaborer un règlement, mais le président
mourut subitement et le projet qu'on venait
d'étudier dormit dans les cartons.

Les Compagnies ne pouvaient donc guère,
en 1870, être prêtes. Malgé cela elles ont rendu

de grands services ; ce fut le cas en particulier de la compagnie de l'Est. Depuis cette époque on ajoute en France une importance extraordinaire aux chemins de fer stratégiques. L'explication de ce fait, nous la trouverons dans la phrase par laquelle débute l'ouvrage intitulé : « *Avant la bataille* ». Il est incontestable que la première victoire remportée exercera une influence considérable sur tout le cours de la guerre. »

L'auteur de « *Pas encore* » consacre presque un quart de sa brochure aux chemins de fer militaires. C'est qu'on espère pouvoir franchir la frontière avec des masses capables de commencer les opérations avec une telle célérité que les armées allemandes, qui n'auront pas encore achevé leur mobilisation, ne pourront pas du tout se reconnaître.

J'aurai à décrire ailleurs les chemins de fer stratégiques qui ont une si haute importance. Pour l'instant je me contenterai de puiser, dans les données si nombreuses que nous fournissent les deux ouvrages, quelque-unes de celles qui me paraissent particulièrement intéressantes.

L'organisation de l'administration des voies ferrées militaires est très compliquée en

France, parce qu'elle ne trouve pas de base solide dans les chemins de fer de l'État qui lui font à peu près défaut. Dans l'ouvrage intitulé « *Avant la bataille* » on nous décrit le fonctionnement de la commission supérieure placée à la tête de tout le service et des bureaux des chemins de fer, de même que celui des sept commissions spéciales. (État, Paris-Lyon-Méditerranée, Paris-Orléans, Ouest, Nord, Est, Midi). On nous en dit beaucoup de bien.

L'auteur de « *Pas encore* », au contraire, critique la composition de la commission supérieure (1). Pour lui, il n'y a d'autre moyen de sortir du chaos que de faire monopoliser les chemins de fer par l'État. L'auteur craint qu'immédiatement avant la guerre les lignes ne soient accaparées par le commerce qui à ce moment-là déploiera une activité fébrile ; dès lors le matériel roulant, encombré de marchandises, ne pourrait servir aux transports militaires ; il déclare que, selon lui, les conventions conclues avec les compagnies de chemins de fer ne présentent pas une garantie suffisante et ne

1. Entre autres il signale ce fait que le président de la commission est un sénateur réactionnaire votant constamment contre son ministre et contre le gouvernement.

sauvegardent pas assez les intérêts de la défense nationale (1).

L'auteur de « *Avant la bataille* » nous décrit
les neuf espèces différentes de gares qui existent en France, depuis « la gare de mobilisation » jusqu'à la « station-tête d'étapes de
guerre », la manière dont les hommes sont
casés dans les wagons (par exemple dix places
pour huit hommes de la gendarmerie et de la
cavalerie de réserve, pour neuf hommes de la
cavalerie de ligne et la cavalerie légère, ou bien
encore pour neuf soldats d'infanterie avec l'équipement de campagne si la distance parcourue
ne dépasse pas 150 kilomètres, pour huit de
ces fantassins si le parcours est plus long); il
communique en outre les prescriptions que les
hommes sont tenus d'observer en montant en
voiture et en descendant.

---

1. Ici l'auteur de « *Pas encore* » soumet à une critique
acerbe les dires de l'auteur de « *Avant la bataille* » qui
se montre par trop optimiste. Ses critiques sont justes ;
d'après lui, l'organisation des chemins de fer militaires
telle qu'elle est actuellement, malgré la peine qu'on s'est
donnée et les sommes considérables qu'on a dépensées,
ne permettra pas d'amener sur les points de concentration, sûrement et en temps opportun, les masses énormes
de troupes qu'il s'agira de faire mouvoir dans la prochaine guerre. *Pas encore !*

Le personnel militaire des chemins de fer comprend, depuis 1884, huit compagnies et neuf sections techniques. Ces dernières, en temps de paix, relèvent des différentes compagnies de chemins de fer. Notre auteur calcule l'effectif de ces troupes d'après sa méthode habituelle. Les huit compagnies présenteront en cas de guerre un effectif de 48 officiers, 2.800 hommes, 656 chevaux et 144 véhicules ; les neuf sections techniques atteindront le chiffre de 10.485 hommes.

Pour transporter un corps d'armée mobilisé, on a besoin de 138 locomotives et de 4.440 wagons répartis sur 102 trains. Si les dix-neuf corps d'armée sont embarqués tous à la fois, il faudra donc 2.622 locomotives et 84.360 wagons de toute nature. Les compagnies les ont-elles ? « Oui, » nous répond-t-on.

D'après l'auteur de « *Avant la bataille* » il existe en France plus de 6.000 locomotives et plus de 200.000 wagons. Les compagnies de l'Est et de Paris-Lyon-Méditerranée sont, à elles seules (1), en état de satisfaire à tous les besoins.

1. Quand, en 1871, nous repartions pour l'Allemagne, je chargeai à Blainville des voitures d'artillerie sur des trucs que la compagnie française mettait à notre disposition. Pour plusieurs de ces voitures je dus faire conso-

On a fait de nombreux essais depuis que l'organisation des voies ferrées a été perfectionnée, et qu'on a donné aux gares une grande longueur. Les résultats sont tels que les Français croient pouvoir lancer simultanément sur la même ligne un nombre extraordinairement grand de trains avec une vitesse de vingt kilomètres à l'heure, sans qu'il puisse résulter ni retard ni tamponnements du fait que certains de ces trains devront s'arrêter et être garés. Pour nous, la prochaine guerre seule pourra démontrer la possibilité de la chose.

Les transports par eau.

Les rivières navigables et les canaux (1) — d'ailleurs fort nombreux — de la France ne pourront guère rendre de bien grands services pour les transports militaires. Cependant on croit que le canal de la Marne au Rhin en par-

lider avec des planches et des lattes la plate-forme qui était pourrie.

1. Le voyageur qui n'observe pas superficiellement les pays qu'il traverse, est étonné, en France, non seulement de rencontrer si fréquemment des canaux de navigation ; ce qui le frappe davantage encore, c'est le grand nombre de tunnels étroits qu'ils traversent.

ticulier servira, lors de la prochaine guerre franco-allemande, au transport de charges très considérables.

Le corps des pontonniers.

L'auteur de « *Avant la bataille* » exprime le regret que les deux régiments de pontonniers (comprenant quatorze compagnies chacun) qui tiennent garnison à Angers et à Avignon aient été maintenus à l'artillerie par égard pour l'avancement des officiers, lors des débats qui eurent lieu, en 1875, à l'Assemblée nationale.

Ce sont les pontonniers seuls qu'on exerce à jeter des ponts de bateaux ; les soldats du génie et les ouvriers du bataillon des chemins de fer établissent des ponts en se servant d'autres matériaux (1).

1. La cavalerie allemande, au cours des manœuvres, a souvent déjà jeté elle-même des ponts fort pratiques sur des rivières de moyenne largeur.

Le service militaire de la télégraphie.

Il existe en France un matériel des plus complets pour la télégraphie électrique et optique (1); le dépôt central se trouve à Paris ; dans chacune des dix-neuf régions de corps d'armée il y a un magasin régional. Le personnel de la télégraphie militaire est divisé en sections et comprend tout près de 4.000 fonctionnaires et agents. Tous les ans, un certain nombre de réservistes rappelés sous les drapeaux sont versés dans ces sections pour y recevoir l'instruction spéciale afin de constituer

---

1. En 1871, je faisais fonction d'officier d'artillerie de la place de Bicêtre et des Hautes-Bruyères, près de Paris. On m'y fit la remise d'un matériel considérable d'artifices, destiné à servir pour la télégraphie optique. Avec mes sergents-majors artificiers, je m'assurai que le contenu des cartouches, soigneusement étiquetées, ne présentait aucun danger ; nous procédâmes, avec l'autorisation du commandant, à la destruction de ce matériel, et, à cet effet, nous organisâmes pour toute la garnison une retraite aux flambeaux entre les casernes de Bicêtre. Je pus constater que les pièces de pyrotechnie étaient confectionnées avec une uniformité extraordinaire, ce qui permet d'admettre qu'on disposait d'un personnel spécial fort bien stylé.

un corps d'agents auxiliaires. La cavalerie est
exercée à se servir d'appareils télégraphiques
spéciaux très légers et d'appareils téléphoni-
ques. On a introduit dans les régiments d'infanterie un service spécial de signaux.

Le service militaire des postes.

La poste de campagne française, outre le
service postal proprement dit, sert d'intermédiaire entre le trésor et les corps de troupe ;
à cet effet, il est adjoint aux agents des postes
un personnel spécial dépendant du ministère
des finances. Dans les guerres qui ont eu lieu
jusqu'à ce jour, la poste de campagne française
n'a été nullement à même de rendre des services extraordinaires. Les troupiers de l'ancienne armée française n'aimaient guère à
écrire des lettres, et la franchise postale n'était
dès lors pas aussi étendue qu'elle l'est, de par
la loi, pour l'armée allemande. Il est permis de
se demander si, dans la prochaine grande guerre,
la poste de campagne française sera à la hauteur de la tâche énorme qui lui incombera. Les
modifications apportées à la composition de
l'armée, l'effectif plus que doublé de l'armée

de campagne opérant contre l'ennemi, exigeront d'elle, en effet, une activité redoublée (1).

1. Nous ne pouvons nous dispenser ici de rappeler la manière dont l'administration des postes allemandes s'acquitta de sa tâche pendant les années 1870 et 1871. Elle a été au-dessus de tout éloge.

Pendant longtemps, elle a dû faire le service postal des deux nations, à savoir, pour l'armée allemande, pour l'armée française captive en Allemagne et pour la partie du territoire français occupée par les troupes allemandes. (Ce ne fut en effet que le 24 mars 1871 que l'administration française reprit le service postal dans les départements occupés.) J'attirerai à ce propos l'attention des lecteurs sur le 3e volume du tome II de l'ouvrage du grand état-major allemand sur la guerre de 1870. Ce n'est pas seulemnt pour les militaires qu'il présente un très grand intérêt. Voici, en résumé, les données qu'il nous fournit à la page 1457 :

La poste de campagne allemande (divisée en poste de campagne de l'Allemagne du Nord, de la Bavière, du Wurtemberg, et du grand-duché de Bade, a transporté jusqu'à la date du 31 mars 1871, 104 millions de lettres, cartes-postales et journaux, 2 millions et demi de colis de toute nature et plus de 200 millions de marks pour l'État et les particuliers, de la mère patrie à l'armée et *vice rersa*.

Dans l'ouvrage intitulé « *Il y a quinze ans* » par H. R. on nous dépeint le séjour des Allemands à Versailles, et on y signale en termes élogieux la manière dont se comportait la *Landwher* de la garde. Cette division avait un effectif de 14.000 hommes pour lesquels il arrivait journellement, nous dit-on, 2.000 lettres. Il faut dire que certains de ces hommes recevaient jusqu'à 19 lettres

Le service militaire de l'aérostation.

La navigation aérienne, depuis qu'elle a été inventée en France, y a toujours été l'objet d'études spéciales ; dès la fin du siècle dernier on en a tiré parti pour le service des armées (au siège de Mayence, par exemple), et pendant l'hiver de 1870 à 1871 elle a rendu de grands services à la capitale isolée du reste de

par jour. C'étaient des négociants qui continuaient à faire leurs affaires depuis Versailles.

J'ajouterai qu'on a de plus d'une manière abusé de la poste de campagne. Avant qu'on pût admettre les colis en franchise postale, on fabriquait en Allemagne des boîtes en carton et en fer-blanc en très grand nombre, ayant la dimension maxima tolérée pour les lettres. Ces récipients ne servaient nullement aux effusions intimes ; ils contenaient du lait condensé, du chocolat, du thé, des cigares, des mouchoirs, des lunettes et Dieu sait quoi d'autre encore. Il y avait là des objets indispensables, il y en avait aussi de superflus. J'ai connu des gens qui recevaient tous les jours de leur épouse prévoyante une demi-douzaine de cigarettes. Je ne serais pas étonné que, dans la prochaine guerre, où forcément plus de deux millions d'Allemands franchiront la frontière, on rendît obligatoire l'usage des cartes-lettres pour la correspon·dance privée des troupes jusqu'au moment où les communications par voie ferrée seraient assurées entre elles t la mère patrie.

la France. En 1884, on a produit pour la première fois à Paris un ballon dirigeable ; il a fait ses preuves et, depuis lors, l'État fait perfectionner ce système à ses frais.

Jadis on tenait le ballon dirigeable pour une idée utopique et l'on était tenté de considérer comme plus ou moins fous les gens qui s'occupaient de trouver la solution de ce problème. Ce temps n'est plus ; au contraire il est permis, à présent, de mettre en doute la perspicacité de ceux qui ne croient pas encore que, d'ici à quelque dix ans, l'homme naviguera à travers les airs d'après des règles certaines, bien et dûment établies. Dès qu'on aura trouvé une force motrice puissante, produite par un appareil de petite dimension, la navigation aérienne constituera, précisément pour le service des armées, un moyen de communication et d'attaque des plus puissants. Et ce progrès sera réalisé grâce à la chimie et à la science nouvelle des électriciens, combinant heureusement leurs efforts.

Tant que les ballons ne s'élèveront que grâce à la différence de poids existant entre le gaz plus léger dont ils sont gonflés et l'air atmosphérique, on n'aura guère à craindre que les artilleurs français puissent, d'une hauteur

où aucun projectile ne saurait les atteindre,
couvrir les bivouacs allemands de bombes de
toute sorte chargées de dynamite. En 1870,
nous avons construit des canons spéciaux destinés à tirer sur les ballons ; depuis, ils ont été
perfectionnés. Non seulement ces canons, mais
encore les salves de l'infanterie seront en état
de tenir à distance, même par les temps les
plus calmes, les ballons français en forme de
cigares, si difficiles à diriger, et que le moindre
projectile peut mettre hors d'état de servir.

Malgré cela je ressentirais une grande satisfaction à voir l'administration allemande s'occuper du développement à donner à l'aérosta-
tion, à la voir organiser ce service d'une manière
bien plus étendue que celle que comporte son
unique détachement de navigation aérienne.
Elle seule serait assez puissante pour mener
la chose à bonne fin.

Le fait est que des particuliers très riches
pourraient se consacrer à des études et à des
essais de ce genre, si multiples, si étendus et
dont on ne peut pas espérer avec une entière
certitude des résultats heureux; mais les mil-
lionnaires du temps présent, lorsqu'ils ont des
loisirs, les consacrent d'ordinaire à d'autres
fantaisies d'amateur.

Le service militaire des colombiers.

Depuis que les pigeons voyageurs ont rendu de très grands services pendant le siège de Paris, leur élevage et leur dressage ont avec le concours très actif d'un grand nombre de particuliers, pris un grand développement et l'administration militaire entretient des stations de pigeons voyageurs ou pigeonniers militaires dans toutes les forteresses importantes, en particulier dans les forts de l'Est qui joueront un rôle prépondérant dans une guerre entre la France et l'Allemagne.

L'auteur de « *Avant la bataille* » exprime la crainte de voir les Allemands, en gens rusés qu'ils sont, établir à l'intérieur de la France, sous pavillon étranger, tout un réseau de relais de pigeons voyageurs, service qui, la guerre venue, serait d'un grand secours à l'ennemi héréditaire. Voici donc les pigeons eux-mêmes qui se transforment en espions !

Les effectifs de guerre.

Dans ce chapitre, qui comprend trente pages, l'auteur de « *Avant la bataille* » nous donne une statistique des plus détaillées de l'armée une fois mobilisée. Il nous indique dans un grand nombre de tables les effectifs prescrits pour les formations mobiles de tous les corps de troupe. Cela revient à peu près aux indications que les plans de mobilisation de l'armée allemande — plans tenus secrets — contiennent sous la forme d'un résumé dont la clarté ne laisse rien à désirer pour l'usage de ses généraux, des chefs de corps et des autorités.

Les listes communiquées par l'auteur de « *Avant la bataille* » m'ont été très utiles; c'est sur elles que j'ai basé mes déductions dans la seconde partie de mon étude. Je me contenterai dès lors de donner ici l'effectif d'un corps d'armée mobilisé; le lecteur n'aura qu'à multiplier ces chiffres par dix-huit. Il y ajoutera les douze bataillons de chasseurs à pied (tels qu'ils sont organisés actuellement), les trente-quatre régiments de cavalerie et les quatre-vingt-quinze batteries d'artillerie qui ne font partie d'aucune unité de corps d'armée, ainsi que les fractions du 19° corps et de l'infanterie **de** marine qui lui paraîtront devoir rester disponibles. De la sorte il pourra calculer l'effectif réel de l'armée de campagne de la revanche telle qu'elle pourra commencer les opérations.

Un corps d'armée français mobilisé comprend :

24 bataillons d'infanterie de ligne, chacun de quatre compagnies; la compagnie compte quatre officiers et 256 hommes; l'effectif total du bataillon sera donc de 20 officiers et de 1.043 hommes;

1 bataillon de chasseurs à pied (23 officiers, 1.048 hommes) ;

8 escadrons (comprenant chacun 4 officiers, 153 hommes, 160 chevaux) ;

1/2 escadron d'escorte de sûreté ;

18 batteries;

14 batteries montées ayant chacune 4 officiers, 173 hommes, 153 chevaux, 6 pièces;

12 voitures;

3 batteries à cheval ayant chacune 3 officiers, 181 hommes, 215 chevaux, 6 pièces ;

15 voitures ;

1 batterie auxiliaire ayant un matériel mixte ;

6 colonnes de munition (2 pour l'infanterie, 4 pour l'artillerie) ;

1 section d'ouvriers d'artillerie ;

1 section d'artificiers ;

1 parc d'artillerie ;

1 compagnie de pontonniers ;

1 équipage de ponts avec 21 pontons ;

3 compagnies du génie (à l'avenir 2 seulement);

1 parc du génie;

10 compagnies du train (6 de l'armée active, 4 de l'armée territoriale);

1 section d'officiers et d'ouvriers d'administration;

3 colonnes de vivres;

1 boulangerie de campagne;

1 colonne de vivres auxiliaire;

1 section de brancardiers;

4 hôpitaux, 6 ambulances volantes;

1 dépôt de remonte mobile;

1 compagnie de gendarmerie;

1 section de télégraphie militaire;

En tout : 1.041 officiers, 37.294 hommes, 11.672 chevaux, 108 pièces, 21 pontons, 2.153 voitures.

La mobilisation.

La mesure qui consiste à décréter la mobilisation de toute une nation armée est fort grave; dans presque toutes les familles du pays entier les conditions d'existence se trouvent modifiées, dans des centaines de milliers de ces familles elle fait naître les préoccupations, les soucis les plus graves. La nation seule qui, avec une conscience parfaitement tranquille, prend les armes pour défendre ses biens les plus sacrés pourra traverser une crise aussi formidable sans en être gravement atteinte. La France, si elle engageait une seconde fois la guerre contre

l'Allemagne sous un prétexte futile en serait
ébranlée jusque dans ses fondements.

Il y a quelque temps déjà on se proposait
de mobiliser, à titre d'essai, tel ou tel corps
d'armée, mais on y renonça, parce qu'on savait,
à n'en pas douter, que l'Allemagne prendrait
immédiatement des mesures semblables. Se
voyant contraint de renoncer à ce dessein, on
fit des appels considérables de réservistes et
d'hommes de l'armée territoriale. Il en résulta
beaucoup de bien, mais ces appels ils n'ont pas
contribué à résoudre la question de la mobilisation qui présente un intérêt si intense.

Dans l'ouvrage intitulé « *Avant la bataille* » et
surtout dans celui qui a pour titre « *Pas encore* »
(ce dernier y consacre quatorze pages) on nous
dépeint la mobilisation, et cette description, on
la fait suivre de considérations d'où il est permis
de conclure que les autorités compétentes n'ont
pas encore dû se faire une idée exacte de l'effet
profond que produirait une mobilisation générale.

L'auteur de « *Avant la bataille* » compte
qu'il faudra six jours pour mobiliser l'infanterie
tout entière; celui de « *Pas encore* » estime
qu'on pourra la terminer en quatre jours.

L'armée de l'Empire avait une organisation

très bien réglée ; par rapport au chiffre de la
population, elle avait un effectif peu élevé et
pourtant, en 1870, l'incorporation des réserves
n'allait pas toute seule, les gens ne sachant
pas où trouver leurs corps. (1)

La concentration et le déploiement straté-
gique. — Le généralissime et son état-
major général.

L'auteur de « *Avant la bataille* » consacre
deux chapitres fort étendus à ce sujet. Ils contiennent toutes sortes d'idées sur la concentration de l'armée de la revanche et sur la manière
dont fonctionnera le commandement. Beaucoup de ces idées ne sont ni bien nettes ni
très claires ; elles sont entremêlés de considérations et de remarques où déborde la haine de
l'Allemagne et qui ont pour but de surexciter
ce sentiment chez les Français.

Les données ayant réellement trait au sujet,
qui nous sont fournies dans ces deux chapitres,

1. Dépêche du général commandant la division territoriale de Marseille au ministre de la guerre, 20 juillet
1870 : « Il y a 9.000 hommes de la réserve, ici. Je ne sais
qu'en faire. Pour me donner de l'air, je les expédierai
en Algérie sur tous transports du port qui seront disponibles. »

nous en tirerons parti plus tard; quant aux considérations, nous ne croyons pas qu'elles vaillent la peine de les reproduire.

L'auteur de « *Pas encore* » ne s'arrête pas à ce chapitre aussi peu qu'à celui qui traite de la marine. Il termine sa brochure par une conclusion dont je reproduis, en les traduisant librement, le début et la péroraison.

Conclusion.

La publication du livre intitulé « *Avant la bataille* » constitue à nos yeux une imprudence grave, sinon une mauvaise action.

Sous le fallacieux prétexte de publier une préface de M. Paul Deroulède, de faire à la Ligue des Patriotes l'honneur d'une dédicace, on a soumis à la France une évaluation minutieuse de ses forces militaires, évaluation que la nation n'estime pas être exacte.

Obéissant à cette idée et voulant calmer les inquiétudes de la nation, on s'est cru autorisé à faire connaître des détails, à publier des documents qui devaient rester secrets.

L'œuvre du relèvement de la patrie est tout autant l'affaire de tous que la nation tout entière est remplie d'un égal patriotisme : chacun a tenu à honneur d'apporter sa pierre a l'édifice et il est étrange qu'il puisse se former en France une petite secte qui en revendique le privilège exclusif.

Pas encore, Messieurs !

Le pays ne vous suivra pas dans vos folies et vos revendications prématurées.

Il a mieux à faire que d'aller s'exposer à des aventures ; il a besoin de certitude pour les restitutions qui réclame.

Vos impatiences, qu'elles soient sincères ou feintes, ne pourront l'entraîner.

Il attendra son heure et il vous répète avec nous:
« *Pas encore* » !

Vive la République !
Commandant...

Je suivrai l'exemple de l'officier français qui a écrit ces lignes et je passerai sous silence les graves offenses contenues dans le dernier chapitre, « la veillée des armes ».

Je parlerai dans la seconde partie de mon travail de l'organisation de la marine française qui ne pourra mettre, quand se fera la guerre décisive, la guerre sur terre, qu'une seule division très forte d'ailleurs, à la disposition de l'armée.

10.

II

LA NÉCESSITÉ D'UNE NOUVELLE GUERRE
FRANCO-ALLEMANDE

Il est difficile à la génération actuelle de re-
trouver les rapports qui existent réellement
entre les deux peuples, sous le voile, nous dirions
presque sous le masque dont les ont couverts
les luttes politiques séculaires et en particulier
l'issue inattendue de la lutte qu'ils ont engagée
en dernier lieu. Ceux qui écrivent l'histoire
comme elle doit être écrite sont tenus d'enlever
de tels masques tandis que la littérature du
jour, selon le but qu'elle poursuit, les arrange
à son gré et à l'occasion les fixe plus solidement
encore pour mieux cacher ce qu'il y a dessous.

Je ne fais pas métier d'historien en écrivant ce

livre et je pourrais fort bien m'en tenir au masque; mais il est fort la'd d'abord et puis, nous autres Allemands, nous avons la tendance, une tendance de Philistins et de savants, d'aller au fond des choses, même quand elles n'ont pas de fond du tout. Je vais donc tenter de soulever le masque, bien que je me dise que c'est peine perdue.

Les deux nations comptent parmi les plus civilisées et les plus humainement douces; les progrès que toutes deux ont fait faire à la civilisation pèsent d'un poids égal dans la balance. Le Français est plus habile en telle chose, l'Allemand en telle autre, si bien que, depuis des siècles, les deux nations se complètent réciproquement, et cela au plus grand profit de chacune d'entre elles. On tenterait l'impossible si on voulait établir que, dans l'un ou l'autre pays, les savants, les poètes, les artistes, les ingénieurs, les hommes de guerre, les diplomates, etc., ont produit des œuvres plus belles, accompli de plus grandes choses. Un juge impartial ne pourrait relever que des différences minimes, et ces différences feraient pencher la balance tantôt en faveur de l'un, tantôt en faveur de l'autre.

L'Europe suit un courant qui entraîne les

hommes de l'est à l'ouest, du nord au sud. Il en
est resulté que nous connaissons mieux, beaucoup
mieux, la France que les Français ne connaissent
notre pays. Les plus grands d'entre les écrivains
et les artistes français sont pour nous de bonnes
connaissances, beaucoup d'entre eux des amis
aimés, tandis que les Français ne savent rien
ou peu de chose seulement de nos grands
hommes.

L'Allemagne a été jusqu'à ces derniers temps
un pays divisé en une foule d'États, la France
s'est concentrée de bonne heure, et d'une
manière grandiose, dans sa métropole : la différence entre les deux nations n'en a été que plus
accentuée encore. La végétation en France, pays
du midi, revêt des formes plus belles, elle a des
couleurs plus vives. Il était tout naturel que
nous ayons vu le caractère français sous le même
aspect, tandis que nos voisins n'ont guère pu
deviner ce que nous étions, nous voyant revêtus
d'épaisses fourrures, et renfermés dans nos maisons toutes couvertes de neige : nous sommes
restés pour eux les barbares du Nord. De plus,
tous ceux qui n'observaient que superficiellement les deux pays se sont laissés induire en
erreur par le bien-être et la fortune, bien plus
considérables en France, et par l'apparence plus

brillante de l'existence qui avait pour cause une richesse plus grande.

Les deux peuples se tiennent donc la balance; mais le peuple allemand est seul à admettre ce fait, à en être convaincu; il en est même souvent convaincu plus qu'il ne le faudrait; tandis qu'en France il n'existe qu'un tout petit nombre de personnes qui soient bien renseignées sur le compte de l'Allemagne et qui rendent justice à nos productions.

Les plus riches et souvent aussi les plus instruits des étrangers venaient en France, et en particulier à Paris, pour y apprendre la langue et les manières reconnues les meilleures, pour étudier les œuvres de l'art et les produits de l'industrie de la France; c'est à bon droit que les Français s'enorgueillissaient de ce fait, mais peu à peu cet orgueil, que tout justifiait d'abord, s'est transformé en dédain pour les autres nations.

L'observateur qui sait voir le fond des choses constatera ce sentiment et le verra se manifester sous les formes les plus diverses.

Les Français se sont donné à eux-mêmes le titre de « grande nation ». Comme ils ne sont pas forts en géographie, ils s'imaginent non seulement que leur pays est le plus étendu, que

ce que la nature et l'art y ont produit est supérieur aux beautés naturelles et aux chefs-d'œuvre
de l'art des autres pays, mais encore que la population de la France est la plus nombreuse et
que sous le rapport des forces physiques comme
de la valeur intellectuelle ils n'ont point d'égaux.
Quand on leur a prouvé, avec chiffres à l'appui,
qu'actuellement la France est plus petite que
l'Allemagne, qu'elle a une population inférieure
en nombre, que le Germain est en moyenne
plus grand, plus vigoureux et nullement plus
sot que le Gaulois, ils croient posséder d'autres
qualités qui au fond constituent « la grande
nation » et ces qualités, les autres peuples ne les
possèdent point et ils ne sauraient jamais les
acquérir.

Cet orgueil national constitue dans la vie
intime du peuple un puissant facteur produisant une grande unité d'action; malgré les
luttes et les dissensions politiques les plus vives
qui la divisent, il n'y aura jamais en France,
grâce à cet orgueil, de scission durable et profonde. C'est donc plutôt un bien qu'un mal.

Certes il a un inconvénient : il est cause
que souvent les relations de la France avec les
autres nations ne sont guère cordiales. En
outre il dégénère souvent en fatuité et en pré-

somption. Mais l'impression désagréable causée par ces défauts se trouve atténuée par l'affabilité et l'amabilité des Français qui gagnent
tous les cœurs. On est étonné à la vérité de
les voir naïvement convaincus de leur propre
grandeur, mais on n'aime pas à leur enlever leur
foi et l'on se console en se disant : Après tout,
que chacun s'arrange à sa façon.

Un fait bien caractéristique sous ce rapport
a été le voyage de M. Thiers en 1870, alors
qu'il visita toutes les cours neutres de l'Europe
et que ce voyage faisait naître de vaines espérances dans le cœur de tous les Français.

Pendant des siècles ils avaient pour habitude
de subjuguer, tant qu'ils le pouvaient, tous les
pays voisins ; s'ils étaient sortis vainqueurs de
la guerre contre l'Allemagne, ils eussent pour
le moins annexé la rive gauche du Rhin et la
Belgique, et ils s'imaginaient bonnement que
l'Europe ne pourrait tolérer que l'Allemagne
revendiquât les provinces dont elle avait été
spoliée jadis.

Paris était considéré désormais comme le
centre du monde civilisé pour tous les Français ;
ils croyaient sérieusement que les troupes victorieuses de l'Allemagne ne pourraient pas fouler
le sol de la Babylone sacrée.

Qu'on me permette de raconter ici un fait qui m'est personnel ; en effet, sous plus d'un rapport, il permet de se rendre compte de la manière toute particulière dont les Français envisageaient la situation.

Nous venions d'être passés en revue sur le champ de courses de Longchamps. Pour la première fois j'avais vu notre roi vénéré en sa qualité d'empereur d'Allemagne et entouré d'une suite brillante de princes allemands, d'éminents capitaines et de grands hommes d'État. Ç'avait également été la première revue où j'avais eu à mes côtés nos compagnons d'armes de l'Allemagne du Sud. Mon émotion avait quelque chose de religieux et je la ressentais encore quand je descendis les Champs-Élysées pour me mettre à la recherche des logements qui nous avaient été assignés.

J'avais à cantonner ma batterie dans une grande propriété privée, au milieu d'un jardin clos de murs. Il y avait là des écuries fort spacieuses ; elles étaient vides, mais il fallut qu'on déménageât la sellerie pour pouvoir loger hommes et chevaux.

Je fis déposer les harnais, pour la plupart très riches, dans une des pièces du château et je veillai moi-même à ce que tout se fît avec le

plus d'ordre et de soin possible. Je vis que le
maître d'hôtel était pétrifié d'étonnement de
nous voir si préoccupés de sauvegarder le bien
d'un ennemi.

Il y avait dans la maison de nombreux domes-
tiques, les femmes se disaient toutes mariées,
tellement elles avaient peur des barbares.
Quand je me mis à rire de ces singuliers couples,
elles ne purent s'empêcher de rire aussi. On
commençait à s'apercevoir qu'on avait des
craintes fort superflues, tant soit peu ridicules.

Une convention spéciale avait été conclue
entre l'état-major français et celui de l'armée
allemande, pour régler l'entrée dans Paris des
troupes victorieuses; un exemplaire avait été
remis à tous les chefs de corps et de battterie. Il
y était dit que les subsistances seraient fournies
aux hommes par l'administration allemande.
Quant aux officiers, la convention contenait une
disposition additionnelle portant qu'au cas où il
n'y aurait pas de restaurants ouverts à Paris, ils
seraient nourris par les personnes chez lesquelles
ils logeraient.

Quand tout mon monde fut casé, je priai
l'intendant, un bel homme qui avait l'air très
distingué, de vouloir bien m'indiquer le restaurant le plus rapproché où l'on serait bien. A

cette question, il laissa pour la première fois un libre cours à sa colère : « Comment pouvez-vous croire, s'écria-t-il, qu'il va y avoir aujourd'hui un seul restaurant dans Paris, ouvert aux Allemands ? » Je lui demandai de rechef s'il était bien sûr qu'aucun local de ce genre ne nous serait ouvert. « Il n'y en a pas, me répondit-il, cela va de soi. »

Je tirai de ma poche l'exemplaire de la convention qui m'avait été remis et lui dis qu'à mon grand regret, s'il en était ainsi, je me voyais forcé d'invoquer la disposition additionnelle et que je lui demandais de pourvoir à notre entretien à nous tous, mes officiers et moi. « Nous dînerons à huit heures, lui dis-je. Mettez neuf couverts, qu'il y ait pour le moins trois entrées. Quant au vin, vous nous donnerez de l'ordinaire. » Je regardai à ma montre l'heure qu'il était, je lui dis quelle devait être la composition sommaire de notre dîner un peu tardif et je pris congé en m'inclinant d'une manière aimable. Il me rendit mon salut avec une courtoisie parfaite ; j'allai faire un tour à la place de la Concorde.

En route, je sentais tous les tourments de la faim, de plus je me faisais des scrupules ; je me reprochais d'avoir annoncé huit officiers ; ce chiffre me semblait trop considérable. Ajoutez qu'à ce moment-là nous étions riches, nous pouvions nous payer des repas choisis sans regarder à la dépense et volontiers j'aurais renoncé à mon rôle d'hôte importun. Mais la faim était là qui me tourmentait ; elle ne se faisait que trop sentir et je n'avais pour tout potage qu'un gros morceau de pain dans les profondeurs duquel mon brave Antoine avait, dans sa sollicitude, enfoui une parcelle de beurre. Le pain n'était guère frais, le beurre était rance : je le flairais et j'étais peu rassuré.

A huit heures, nous nous mîmes donc à table, dans une pièce élégamment meublée. Nous étions neuf, quatre lieutenants, un sergent-major, deux sergents-majors en second, un enseigne et un capitaine d'armes. Le dîner était digne de la maison où on le servait et il n'y avait aucun indice qui permît de supposer qu'on nous hébergeait à regret.

Le dîner fini, j'exprimai tous mes remercîments à l'intendant et lui dis combien la maison me semblait belle. Là-dessus il m'offrit de fort bonne grâce d'aller voir la salle de bal et je dus l'arrêter dans ses prodigalités : il allait allumer bien plus de girandoles qu'il ne m'en fallait pour admirer la chose.

Le bel intendant avait pu se convaincre
que les barbares ne le traitaient pas trop mal,
même en sa qualité d'inférieur, et qu'il y avait
moyen, au fond, de s'arranger avec cette horde
de sauvages ; il jeta le masque et se présenta
comme étant le fils même du propriétaire. Sur
quoi, le véritable intendant ou maître d'hôtel,
un brave vieux en cheveux blancs, reprit ses
fonctions.

Le lendemain au déjeuner le vieillard était
posté derrière le siège de son maître, nous cau-
sions des élections, des résolutions probables
que l'Assemblée nationale allait prendre et je
fis de mon mieux pour faire oublier à ce dernier ce que la situation avait de triste pour lui.
Mais c'était peine perdue. J'avais pourtant
devant moi un homme du meilleur monde, très
bien élevé; eh bien ! l'amour-propre blessé ne
lui permit pas d'observer les convenances. A
propos de l'Alsace-Lorraine il nous traita bonnement de brigands, il nous gratifia d'une série
d'épithètes qui, si elles étaient méritées, auraient dû nous faire mettre au ban des nations
civilisées.

Plus j'étais calme, plus mon interlocuteur
laissait déborder sa haine. Il parlait non seulement bien et avec animation, mais encore avec

une grande assurance. De sorte que les amé-
nités qu'il nous disait ne pouvaient d'aucune
façon être considérées comme des *lapsus linguæ*.

J'étais tout heureux qu'il ne fût pas possible à
mes officiers de saisir le sens de ce flot de paroles : il n'y en avait qu'un dans le nombre qui
comprît plus ou moins ; il était en temps ordinaire professeur de langues modernes. Je le
calmai d'un regard. Notre homme pendant ce
temps s'était levé et était sorti. Le vieux maître
d'hôtel me dit en patois d'Alsace : « Vous voyez
bien que ces gens-là avaient besoin d'une
roulée. » Les paroles offensantes qui venaient de
nous être adressées l'inquiétaient plus qu'elles
ne m'avaient offusqué, eu égard à la situation.
Combien de fois n'avait-il pas dû entendre auparavant mal parler des Allemands ? Et tout de
même il y avait une fibre allemande en lui.

Le caractère des Français, tel que je viens de le
dépeindre avec preuves à l'appui, ne leur permet
pas de se rendre compte avec toute l'objectivité
désirable de ce que doivent être leurs rapports avec
les autres nations. Ils ne les voient qu'à travers
leurs lunettes, et ces lunettes ont des teintes
différentes. Pour les Allemands, hélas ! ils em-
ploieront toujours celles teintes en jaune : la
couleur de la haine et de l'envie.

Les rapports qui, en réalité, devraient exister entre les deux nations, leur situation vis-à-vis des autres États, exigeraient qu'ils s'unissent, qu'ils se prêtassent un mutuel appui, mais les Français négligeront toujours à cet égard leurs véritables intérêts. Puisse l'Allemagne ne jamais s'abuser à ce sujet !

Les Français ont donc une haute idée d'eux-mêmes. Jusqu'en 1871 le peuple allemand ne possédait pas cette qualité ; elle n'avait d'ailleurs jamais pu se développer en lui. Tandis qu'en France une royauté forte et procédant très souvent tyranniquement, réunissait en elle toutes les forces vives de la nation, l'empereur élu d'Allemagne était devenu l'ombre d'un potentat, presque la risée du monde ; les États vassaux s'étaient transformés peu à peu en puissances souveraines. Les différents peuples de l'empire se signalèrent, il est vrai, par des hauts faits guerriers, par de belles productions littéraires et artistiques ; mais ces belles actions guerrières ne contribuaient pas à grandir le nom allemand, car, presque sans exception, c'étaient des Allemands qui combattaient contre des Allemands pendant les guerres et même en temps de paix. Les luttes engagées par les diplomates des petits États allemands ont encore été plus navrantes que les guerres que les différents peuples allemands se livraient entre eux.

Bien des tentatives furent faites dans le but de permettre à l'Allemagne de jouer le rôle d'une grande puissance une et forte vis-à-vis des nations étrangères. Toutes échouèrent, non seulement parce qu'elles étaient contre-carrées par l'étranger, mais encore parce que les princes et les peuples allemands manquaient de patriotisme.

Dès longtemps l'Allemagne, de par sa propre histoire, avait perdu le droit de se considérer comme unité nationale. Le *finis Germaniæ* était prononcé, le glas funèbre de l'Empire avait sonné ; Napoléon Ier n'eût pas eu besoin d'en consommer la ruine d'un trait de plume.

Comme la Grèce antique, l'Allemagne avait vu se développer deux puissances prépondérantes. Chacun de ces deux États était trop puissant pour se soumettre à l'autre et ni l'un ni l'autre n'était assez fort pour unifier sous son égide l'Empire allemand morcelé. Entre ces deux États, qu'on se plaisait à appeler les grandes puissances allemandes, les petits États s'agitaient comme des poupées dont les fils étaient tenus par des mains étrangères.

Tout Allemand qui mérite ce nom ne lit

qu'avec répugnance les pages où sont inscrits
ces faits ignominieux de son histoire nationale.
Si je les évoque ici, c'est pour que nos somnam-
bules et nos philistins faisant de la politique
de clocher sachent que l'œuvre de l'unification
n'est pas achevée.

Qu'ils étudient un peu l'histoire allemande,
qu'ils étudient également celle de l'ancienne
Grèce !

Certes notre grand Empereur avait raison
d'attribuer au Tout-Puissant la réussite de la
tentative si hardiment entreprise par lui de
constituer l'unité allemande. Après toutes
nos dissensions, toutes nos misères passées, c'est
un vrai miracle que la puissance et la grandeur
de l'Allemagne, établies sur une base nationale
solide, aient pu renaître. Or Dieu seul accom-
plit des miracles.

Comment eût-il été possible que, dans l'ancien Empire allemand ou au temps de la Confé-
dération germanique, nos compatriotes ressentis-
sent l'orgueil que nous appellerons national ?

On avait plus ou moins la conscience de sa
valeur, on était plus ou moins fier en disant :
Je suis Prussien, Bavarois, Saxon, etc. Mais on
n'avouait qu'à regret qu'on était Allemand.
C'est qu'on ne va pas de gaieté de cœur parle

de choses dont on rougit; et qui est-ce qui ne
rougissait pas en voyant nos troupes évacuer
le Schleswig-Holstein en livrant à l'étranger
nos frères allemands? Qu'est-ce qui ne rougissait pas quand on mit à l'encan la petite flotte
allemande?

A ce moment-là j'entendais souvent prononcer dans l'Allemagne centrale des paroles
commes celles-ci: « Cette année-ci l'Empereur
viendra passer quelques jours ici; » mais ce
n'était pas un empereur allemand dont on parlait, c'était l'empereur de Russie — au demeurant un personnage très imposant — et c'est
peut-être pour cela que les princes allemands
s'inclinaient plus bas devant lui qu'ils ne l'eussent fait devant l'empereur d'Allemagne. Ce
spectacle était de nature à faire rêver même un
enfant. Aussi n'étais-je encore qu'un petit gar-
çon que déjà je pris la résolution d'émigrer à
l'étranger, en Prusse.

Depuis 1870 le peuple allemand a conscience
de sa valeur ; ce sentiment s'est développé puis-
samment en lui.

Du sépulcre légendaire où repose Frédéric
Barberousse, les Allemands ont non seulement
vu surgir la couronne et le glaive, emblèmes de
l'antique puissance impériale, nous y avons en

11.

outre retrouvé un joyau hors de prix, la fraternité allemande, et c'est avec stupéfaction que nous voyons passer devant nos yeux les innombrables dissensions intestines de nos pères ; ceux-là qui ont pris part à la dernière lutte fratricide si pénible, ressentent ce sentiment, et ce souvenir provoque en eux une joie mêlée de tristesse.

On a élevé en Allemagne bien des monuments en l'honneur des victimes de la guerre. Hélas ! on en a élevé quelques-uns aussi pour glorifier nos victoires. Mais ces derniers, nous ne les contemplons qu'à regret, notre regard ne s'y arrête pas et nous nourrissons l'espoir que bientôt une occasion se présentera qui nous permettra de compléter les inscriptions qui y sont gravées. Ce sera là une belle tâche pour les poètes allemands au patriotisme enflammé, et cette tâche, ils sauront dignement la remplir.

Mais, ces colonnes, nous nous garderons bien de les renverser, car pour ceux d'entre nous qui ont le goût des luttes intestines elles contiennent un enseignement, elles leur prêchent l'union.

Soyez unis, soyez unis !

Les Allemands ont donc recouvré le sentiment de leur valeur, qui avait disparu depuis des siècles. Ce sentiment n'a rien d'aggressif, car notre caractère national est tel qu'avant tout

nous aimons la paix. Nous ne sommes pas ins-
tinctivement poussés à promener nos aigles à
travers l'Europe. Si donc ce sentiment grandit
et se développe, il n'en constituera pas pour cela
une menace vis-à-vis de n'importe quelle autre
nation ; mais dans nos quatre murs nous
travaillerons à consolider l'état de choses nouveau sans nous soucier de ce qu'on en dira au
dehors, et nous anéantirons ceux qui tenteraient
de rechef de faire de l'Allemagne le théâtre des
intrigues étrangères, nous les ferons disparaître,
quelque bien abrités qu'ils s'imaginent être.

Mais de longtemps encore on ne se lassera pas
d'intriguer. D'abord il y a partout des cerveaux
fêlés et il n'est pas possible d'enfermer dans les
asiles d'aliénés tous ceux qui auraient droit à
l'admission. Cela coûterait gros et nous y
perdrions : nous nous amuserions moins. Les
débats d'un sénat qui ne comprend que des
sages dans son sein sont toujours plus ennuyeux
à suivre que ceux de l'autre assemblée, de la
chambre des députés, car dans celle-ci, en dehors
des sages, il y a les fous qui font des interruptions
et des discours.

En second lieu, ce serait trop exiger de nos
voisins de l'Ouest et de l'Est que de vouloir
qu'ils acceptent d'emblée la reconstitution mira-

culeuse et l'unification de l'Allemagne. Nous-mêmes n'avons-nous pas perdu plus ou moins la foi naïve de nos pères aux miracles ?

Il sera donc utile que nous fassions attester celui qui s'est fait chez nous dans une seconde passe d'armes : le miracle de la résurrection de l'Empire ; et le monde, qui aime tant à douter, ajoutera d'autant plus foi à l'attestation qu'elle aura été envoyée simultanément à l'adresse de plusieurs.

C'est là tout ce que j'ai à dire de notre orgueil national, de la conscience que nous avons de notre valeur.

La position géographique de l'Allemagne et de la France est fort propice et facilite les rapports entre les deux pays. Actuellement, les moyens de communication ont reçu un développement tel qu'il suffit d'une minime étendue de la frontière commune à deux pays, fussent-ils même très grands, pour porter à leur maximum les échanges et la circulation des voyageurs de l'un à l'autre. Or la frontière franco-allemande a une étendue plus que suffisante en ce sens. D'autre part, la ligne frontière n'est pas trop longue, elle est si bien proportionnée à la superficie totale des deux territoires qu'il ne serait guère possible qu'à un nombre fort restreint de nations concurrentes d'entraver les rapports entre les deux pays.

La délimitation politique des deux nations est normale depuis 1871. A la vérité l'empire d'Allemagne n'a pas réclamé quelques provinces qui jadis faisaient partie de son territoire, mais tout homme impartial reconnaîtra que, depuis des siècles, les populations de ces territoires s'étaient assimilé pleinement la langue et les mœurs françaises.

En Alsace et dans la partie de la Lorraine qui a été rétrocédée à l'Allemagne vivent actuellement un grand nombre de familles qui entretiennent des rapports plus fréquents et plus intimes avec la France qu'avec l'Allemagne. C'est là la conséquence forcée de la longue union politique qui a existé entre ces provinces et un État puissant et unifié, un peuple qui, pris dans son ensemble, est affable et digne d'être aimé. Des siècles s'écouleront et ces relations seront restées plus fréquentes qu'elles ne pourraient l'être si l'Alsace-Lorraine n'avait jamais été incorporée à la France. Sans les lunettes jaunes au travers desquelles, comme nous le disions plus haut, les Français envisagent cette question, il résulterait de là que l'Alsace-Lorraine devrait être considérée comme un ter-

rain neutre où les deux grandes nations pourraient apprendre à mieux se connaître et à tirer
parti de leurs qualités réciproques. Tandis que
comme cela les Français tireront de la fréquence
des rapports que les provinces rétrocédées entretiennent avec eux des conclusions qui, pendant de longues années encore, ne serviront qu'à
rendre la situation intenable.

Même si une ligue amoureuse de scandale, qui
à cette heure donne le ton en France, ne faisait
pas entendre son ridicule cliquetis de sabre, ou
plutôt en dépit de ce cliquetis, on serait amené à
se demander comment on pourrait remédier à ce
fâcheux état de choses. Bien des hommes, doués
d'un grand sens, de beaucoup de discernement,
ont cherché à y répondre et l'histoire a enre-
gistré les paroles du chancelier de fer qu'il a
prononcées en traitant cette question et d'autres
du même genre se rapportant aux relations
qu'à l'avenir la France aurait avec le nouvel
empire d'Allemagne.

« On ne nous a pas pardonné Sadowa, disait
M. de Bismarck, on ne nous pardonnera pas
davantage Sedan. — Rien ne serait plus propre
à provoquer une haine durable que la générosité
que nous pourrions montrer. — Ce n'est qu'en
exigeant des garanties sérieuses que nous pour-

rons empêcher le renouvellement de la guerre.
— Nous n'avons pas besoin des habitants des
pays annexés; ils sont libres d'émigrer; ce que
nous voulons avoir, ce sont les clefs de notre
maison. »

Tout Allemand se réjouira de lire ces paroles
si énergiques et ces vues si nettes du plus grand,
du plus fort jouteur que l'Allemagne ait jamais
produit, sur les questions qui touchent de si
près le salut de la patrie. Mais quand on les lit
et qu'on essaye d'en trouver toute la portée, on
est amené à conclure mathématiquement qu'il
n'y a pas d'autre solution possible que celle-ci :
il faut que nous gardions l'Alsace-Lorraine; il
faut que notre épée soit toujours aiguisée afin
que nous puissions défendre les provinces an-
nexées et souvent encore nous la tirerons pour
le « pays d'Empire ». Même si nous le rendions,
il nous la faudrait tirer, mais alors il manque-
rait une branche à sa poignée.

En dehors de la frontière commune, il existe
beaucoup de points de contact entre les deux
pays, mais il n'y eu a aucun qui pourrait être la
cause de dissensions sérieuses. Le domaine de
la France, c'est la Méditerranée; c'est là qu'elle
déploie toute sa puissance; eh bien, cette mer
est sans importance pour nous; en Afrique, nous

sommes voisins, mais certes cela ne tire pas à
conséquence. La conclusion toute naturelle est
que les deux peuples sont appelés plutôt aux
luttes pacifiques, plus généreuses que la rivalité
armée, qu'ils peuvent fort bien vivre en paix,
voire même que leur situation sous le rapport
politique est telle que, vis-à-vis des autres nations rivales, ils sont très fréquemment appelés
à agir de concert.

Or, la France agirait plus dans son véritable
intérêt, elle verrait grandir son prestige et sa
puissance auprès de toutes les nations du globe
si elle consentait à voir dans l'empire d'Allemagne reconstitué, non pas un « *colosse d'occasion* », mais bien un fait accompli dont sa politique ferait le cas qu'il en faut faire.

Depuis des siècles, la France a conspiré contre
l'Empire divisé, qui lentement se décomposait ;
souvent elle a annexé par la force des armes des
territoires allemands ou réduit les princes allemands à n'être que ses vassaux.

Nul Allemand ne saurait être, présentement
encore, enchanté d'un tel voisinage, car les
Français furent de mauvais voisins et si, comme
le père Noé, nous pouvions émigrer avec l'arche
tout entière, nous n'irions certes pas prendre
terre à côté de la France ; mais tout notre pa-

triotisme ne nous empêchera pas de trouver
naturel que la France, grâce à sa centralisation
puissante, ait pu secouer rudement le corps vacil-
lant de l'Allemagne et s'annexer quelques dé-
pouilles fort belles du manteau impérial. On
peut passer l'éponge là-dessus et pratiquer le
pardon des offenses. Il y a beau temps que le
Palatinat a été converti en un monceau de ruines
fumantes, que d'innombrables tombes ont été
creusées. C'est de l'histoire ancienne. Et même
vous entendez, en bien des pays allemands, faire,
depuis 1813, la réflexion suivante : Plutôt les
Français pour ennemis que les Russes pour
amis (1)!

Quand nous appelons les Français nos ennemis héréditaires nous ne cédons pas à une

1. Lors des fêtes de l'université, d'Heidelberg des savants français dont l'esprit n'était pas obscurci par la
haine, ont évoqué le souvenir des dévastations des ra-
vages dont leurs ancêtres se sont rendus coupables en
Allemagne. Eh oui! bien des châteaux, bien des églises
furent alors détruits sans nécessité aucune qui, jusqu'à
ce jour, n'ont pas été réédifiés, bien des contributions
ont été payées alors qui ne sont pas encore restituées.
Si le Dieu juste voulait établir la balance exacte entre
les deux nations, nous aurions à recevoir bien des ton-
nes d'or encore, sans parler des milliards de larmes et
de pleurs que rien ne saurait racheter. N'est-il pas
temps enfin d'en finir avec ce « doit et avoir »?

répulsion instinctive, nous ressentons au contraire une vive sympathie pour eux ; nous leur
donnons ce nom parce que l'histoire des derniers
siècles nous a prouvé qu'ils se jettent sur nous
et nous spolient toutes les fois que l'occasion
s'en présente. Nous aimerions bien mieux les
appeler nos amis héréditaires.

La transformation totale qu'a subie l'Allemagne pourrait faire naître chez les hommes
d'État français, qui voient les choses de haut,
cette idée qu'il n'est ni raisonnable ni pratique
de conserver, vis-à-vis de l'Empire unifié et
formidable, la conduite qu'on tenait vis-à-vis de
l'Allemagne divisée et impuissante.

Hélas ! il n'est guère permis d'espérer que
jamais le gouvernement français, quel qu'il soit,
— république ou monarchie, — soit assez
indépendant pour que des considérations de ce
genre, inspirées par la froide raison, qui montrent quel est le véritable intérêt de la France
vis-à-vis de l'Allemagne, puissent, grâce à lui,
gagner du terrain et s'imposer à la nation.

La chose est absolument impossible à l'heure
présente, vu la situation intérieure du pays ; bien
au contraire, on cherchera peut-être à amener,
si possible, une guerre à l'extérieur afin de sortir de cette situation difficile. Nous pouvons fort

bien aller au-devant de ce désir, car, nous aussi, nous avons intérêt à ce qu'une grande guerre éclate prochainement. Non qu'il nous faille de nouvelles provinces, mais il nous faut la guerre.

III

QUEL EFFET LA GUERRE IMMINENTE ENTRE LA
FRANCE ET L'ALLEMAGNE PRODUIRA-T-ELLE
SUR LA VIE INTIME ET L'EXISTENCE EXTÉ-
RIEURE DU PEUPLE ALLEMAND?

Nous avons besoin d'une nouvelle guerre
franco-allemande. L'état de choses actuel est
indigne des deux nations; elles sont là, en face
l'une de l'autre comme deux bêtes vigoureuses
et hargneuses; l'une, furieuse, est en arrêt
devant l'autre, elle aboie avec rage et épie le
moment propice pour se jeter sur l'adversaire.
L'autre, la plus grande, est moins agitée, mãis,
de temps en temps, elle, aussi, jette un regard
oblique sur l'adversaire et, toutes les fois que
celui-ci s'approche, elle lui montre ses dents
longues et aiguisées.

Je le demande à tout Français, à tout Allemand instruits : la comparaison n'est-elle pas juste? Et, si elle est juste, ces deux nations qui toutes deux ont les visées les plus hautes, ont-elles l'une vis-à-vis de l'autre une attitude chevaleresque, on pourrait même dire convenable, une attitude qui soit simplement en harmonie avec les préceptes les plus élémentaires de la civilité? N'a-t-on pas le devoir, le devoir le plus noble et le plus élevé qui puisse s'imaginer, de faire en sorte que ces rapports indignes et des plus préjudiciables aux intérêts des deux peuples deviennent autres?

Les sentiments que la France nourrit à l'endroit de l'Allemagne sont tellement amers, non pas seulement parce que celle-là a perdu l'Alsace-Lorraine, mais encore parce qu'elle a vu sa brave armée subir une défaite telle qu'il ne s'en rencontre pas une seconde dans l'histoire militaire de tous les temps.

Les deux provinces allemandes avaient indubitablement une valeur toute particulière pour la France parce qu'elles étaient la preuve vivante de la supériorité de celle-ci sur l'Allemagne. La France possédait des pays allemands et avait des sujets d'origine allemande. En outre, cette Alsace, qui s'étendait jusqu'au Rhin constituait en

quelque sorte un mort-gage lui donnant l'ex-
pectative de la frontière restante du Rhin, qui
n'était pas encore sienne. De plus, la population
vigoureuse et saine fournissait des hommes solides à la guerre, habiles aux travaux de la paix.
Or, les Français, instruits et versés dans l'histoire, peuvent fort bien prendre leur parti de la
rétrocession de ces provinces, car ils savent que
c'étaient des pays bien et dûment allemands,
que même l'une d'elles a été d'une manière peu
honorable enlevée en pleine paix à l'empire
d'Allemagne et qu'actuellement encore la France
comprend des territoires qui jadis faisaient partie
de cet Empire.

Mais le cours que prit la dernière guerre,
son issue, la capitulation d'armées entières, le
fait que les troupes françaises ne remportèrent
la victoire que dans un seul et unique engagement important; tout cela, cette nation si fière à
juste titre de sa gloire militaire pourra l'oublier
bien moins facilement.

Car le peuple français, quoique arrivé à un si
haut degré de civilisation, n'estime rien tant que
les succès des armes, il s'est habitué à voir ses
enseignes victorieuses proclamer dans toutes les
parties du monde la gloire de la France. Son
histoire militaire n'est qu'une suite d'éclatants

triomphes; les défaites, on les passe sous silence ou bien on les explique en invoquant des circonstances néfastes toutes particulières, des trahisons, etc. La guerre de 1870 a été la première au cours de laquelle, même les hommes qui savent le mieux farder la vérité ne parviennent pas à signaler un seul succès un peu important.

Et cette grande nation avait été abattue, défaite d'une manière inouïe par une nation sans alliés, une nation dont les diverses fractions avaient fort souvent été battues isolément, dont le territoire avait été conquis en grande partie par cette même France et que celle-ci, précisément pour cette raison, n'avait jamais tenu en bien grande estime.

C'est là une blessure d'amour-propre qu'une nouvelle lutte seule pourra guérir. Quand la France se sera convaincue que, même en déployant en temps opportun toutes ses forces militaires, elle n'est pas capable d'envahir l'Allemagne, fût-ce au prix des plus grands efforts, mais que, d'autre part, la lutte engagée aura démontré qu'elle possède une armée valide et imposante, elle signera la paix avec des sentiments tout autres qu'en 1871, et cette manière d'envisager la question allemande gagnera du terrain dans cette fraction de la nation surtout qui aura conservé les traditions chevaleresques des ancêtres.

Beaucoup de Français s'imaginent que, si leur nation mettait sa politique à l'unisson de celle de l'Allemagne, cette coopération impliquerait une sorte de vassalité pour la France. A l'heure présente déjà, cette idée est complètement fausse, car si l'Allemagne est une plus grande puissance militaire, la France par contre est une puissance maritime plus considérable; les deux nations, si elles étaient alliées, se compléteraient réciproquement.

Mais après une nouvelle passe d'armes, cette manière d'envisager les choses disparaîtrait totalement (1).

1. L'opinion que j'exprime ici est en contradiction avec celle de l'auteur de « *Avant la bataille* ». Pour lui la prochaine guerre sera forcément une lutte au couteau. Je lui ferai remarquer que dans un duel entre gens bien élevés, les choses se passent autrement que quand deux sauvages en viennent aux mains.

Quant à moi, j'espère que la prochaine guerre entre les deux nations se terminera dès après les premières rencontres, où la victoire demeurera indécise, et il se pourrait que ce fût pour toujours.

On me dira peut-être que je fais le Don Quichote et que je n'entends rien aux us et coutumes de la diplomatie; je n'en persévérerai pas moins dans ma ma-

Quiconque a assisté en première ligne à de grandes guerres n'en envisage pas l'horreur d'un cœur léger. Il a vu des milliers de cadavres ; mais les morts gardent le silence, nulle plainte ne leur échappe, et après tout il faut que nous mourions tous ; mais il a en outre vu des mourants, des camarades blessés grièvement, et ce spectacle remplit les cœurs les plus fortement trempés d'une profonde tristesse ou de douleur et de colère. Nous autres Allemands, nous les avons éprouvés ces sentiments, bien souvent et bien profondément, nous n'avons certes pas le désir de voir encore une fois tomber à nos côtés des camarades qui nous sont chers, quoique nous estimions que la plus belle mort est celle que l'on trouve sur le champ de bataille ; mais la pensée s'impose à nous que la situation actuelle est intenable, que, si nous attendons davantage, la lutte n'en sera que plus vive et qu'il ne faut pas que l'ennemi nous impose sa volonté et nous fixe le moment où il faudra agir.

Pendant que Paris était assiégé, il y eut des gens qui proposèrent de lâcher sur les Prussiens

nière de voir. Je dois dire que je ne tenterais cette expérience si grave qu'avec les Français qui, en dépit de tout, sont une nation chevaleresque.

les fauves du Jardin des Plantes ; d'autres proposèrent de leur envoyer les beautés avariées
de la capitale. Certes, ces propositions n'éma-
naient pas de Français ayant le sentiment de
leur dignité. Quant aux envois qu'ils nous desti-
naient, ou bien ils ne nous sont pas parvenus, ou
bien ils n'ont pas pu produire leur effet sur nos
constitutions de barbares robustes. Et cependant
il nous a été fait en France des présents tout aussi
mauvais — ce n'est pas qu'on voulût nous
être agréable ni qu'on nous en gratifiât inten-
tionnellement ; mais ces présents n'en sont pas
moins funestes, nous en souffrons encore ; mais
nous pourrons les rendre et nous en débarrasser
au cours de la prochaine guerre.

Le long séjour que nous fîmes dans un pays
qui, comparé au nôtre, jouit de richesses plus
grandes et d'un climat plus doux, nous a été
préjudiciable à plusieurs égards. Si les Français
avaient compris leurs véritables intérêts, ils
eussent payé leur dette avec une extrême lenteur, ils eussent instamment demandé qu'on
élevât considérablement le chiffre des troupes
d'occupation et ils leur eussent offert de copieuses libations. De la sorte, la France fût
devenue pour nous une Capoue. Ils se sont
libérés trop vite et nous nous en sommes tirés

sans avoir été atteints par trop gravement.

Nous sommes une nation armée, un peuple de guerriers. Le soldat, à la vérité, est riche d'une richesse idéale, il est pauvre d'argent, ce vil métal; il n'en possède guère. Il ne demande que le strict nécessaire, le superflu il n'en a pas besoin, il lui est même préjudiciable et le véritable militaire n'a que des sourires de pitié pour la futilité ridicule dont d'autres se font gloire.

Cet instinct de la simplicité se trouve personnifié dans le premier soldat de l'Allemagne, l'empereur. Cet instinct constitue une tradition en particulier pour l'armée prussienne pour laquelle, de tout temps, il a été un élément de force puissante.

Or pendant notre séjour en France, cet amour de la simplicité, cette habitude de ne demander que le strict nécessaire, ce qui est essentiel à la vie, cet instinct qui fut l'égide du guerrier allemand a subi une rude atteinte.

Toutes les classes de la société sont représentées dans l'armée ; elle compte dans ses rangs les jeunes hommes qui sont l'élite de la nation, des professions libérales comme des artisans. Les palais et les chaumières prennent une égale part à sa prospérité.

Les exemples donnés par l'armée exercent par
conséquent une grande influence sur toute la
nation et son genre de vie. Les vertus qui y sont
cultivées, deviennent l'apanage du peuple ; mais
les défauts et les vices, il en est atteint également et cela bien plus facilement.

Or, depuis la dernière guerre, une grande
partie de l'armée a pris l'habitude et le goût des
jouissances matérielles, au point qu'elle risque
fort d'en être moins solide et moins valeureuse.

Mais regardez donc, vous qui avez des yeux
pour voir ! Hélas, il y a bien des gens qui ne
veulent pas voir et dans le nombre il y a beaucoup d'officiers supérieurs et généraux. Ceux-là
ne veulent pas ouvrir les yeux en dépit des
prescriptions sévères, édictées en haut lieu, que
l'on est tenu de lire aux troupes ; il y en a qu'on
est même obligé de lire d'année en année.

On en écoute la lecture, on se fait quelques
légers reproches ; mais, après tout, on se dit
que c'est là un vestige de l'ancien temps,
quelque chose comme un bouton de guêtre mis
au rebut et qu'on fait servir de nouveau pour la
circonstance ; puis, pour se remettre, on vide
vivement une bouteille de champagne. L'inspecteur général qui a présidé à la lecture ne
dédaigne pas non plus ce breuvage, mais il lui

faut du meilleur. Il va de soi qu' « une fois n'est pas coutume ».

Cette rage de jouir a amené un autre mal : la manie des mariages d'argent. Or, ces mariages sont tout aussi dégradants pour la fierté de l'homme que pour la dignité de la femme.

Que l'argent joue un grand rôle dans le monde du négoce, on pourra trouver cela tout naturel. On travaille, on peine uniquement pour en gagner, et, quand enfin on est arrivé au but, à ce monceau d'or, on en ressent une certaine satisfaction précisément parceque c'était là le but qu'on poursuivait. Mais, même à notre époque, il existe des choses élevées et grandes, les plus nobles entre toutes, qui n'ont rien à voir avec l'argent, que tous les trésors du monde ne sauraient remplacer ni vous procurer.

Le soldat ne doit pas aimer l'argent pour lui-même. Certes il en a besoin, mais il ne lui en faut pas en grandes quantités ; car il n'a que peu de besoins ; s'il s'applique à les réduire, il fait preuve d'une haute vertu militaire à laquelle ses chefs, ses égaux et ses subordonnés, rendent pleine et entière justice.

Un négociant pauvre fera toujours piètre figure ; le soldat pauvre au contraire sera fréquemment le premier dans son monde ; je ne dis pas le premier en rang, je veux dire le premier par rapport à la considération dont on l'entoure, au plaisir qu'on ressent à le voir. Va-t-il peut-être se croire inférieur à un millionnaire? En Allemagne, du moins, c'est là une question si ridicule qu'un fou seul pourrait la poser.

Nous savons encore estimer l'homme qui est à la hauteur de sa tâche et qui fait son devoir, qu'il soit soldat ou fonctionnaire, savant ou artiste, ingénieur ou tout ce qu'il vous plaira; mais nous n'avons pas d'estime pour le sac d'écus; nous en usons simplement lorsqu'il ne contient que des écus.

Les mariages d'argent sont un ferment de corruption pour le corps des officiers qui doivent donner aux sous-officiers et aux soldats l'exemple de toutes les vertus militaires.

Le lien de camaraderie qui unit tous les soldats depuis le *feld-maréchal* jusqu'au simple cavalier constitue la garantie la plus puissante contre toutes les tentatives révolutionnaires. Eh bien, ce lien de camaraderie risque de disparaître lorsque sous-officiers et soldats voient les appartements luxueux de leurs officiers.

Une bonne armée n'a que faire de richards dans ses rangs, et les officiers qui ont la plus grande fortune sont les plus mauvais, même s'ils possèdent les qualités les plus dignes d'être appréciées. Ils répandent une odeur de gros sous, nauséabonde et pernicieuse.

Dans beaucoup de régiments les jeunes gens qui entrent dans l'armée pour se présenter à l'examen d'officiers demandent sans cesse des augmentations de solde. On les leur accorde. Ces augmentations grandissent sans cesse comme dans une vente aux enchères. C'est un mal : on donne en quelque sorte aux dépenses qu'ils font l'apparence de la légalité.

Il y a chez nous des traditions de famille qui exercent sur les jeunes générations une influence plus favorable que toutes les écoles du monde. On en tire le plus grand profit dans toutes les classes de la population. Ces traditions si importantes périclitent dans le monde des officiers, par suite des augmentations de solde si élevées qu'on accorde aux jeunes gens. C'est dans ce monde-là surtout qu'on devrait tenir à honneur de dire aux jeunes ces mots du poète : « Fils, voici mon épée. »

Ces mœurs nouvelles sont un cadeau trompeur qu'on nous a fait en France. On les fera le plus facilement disparaître en faisant couler le sang à flots.

Mais je n'ai pas fini, je vais aller plus au fond encore, quoique je sache fort bien qu'en le faisant je porte la main, dans un guêpier, voire même dans un nid de frelons, et qu'il faut que la main qui s'y risque soit munie d'un gant à l'épreuve des piqûres.

Paris, on le sait, dut nous payer une contribution de guerre fort élevée; puis vinrent les milliards. Tant qu'ils n'étaient pas payés, ils rapportaient de gros intérêts, par après ils n'en rapportaient guère.

Il y a toujours un grave inconvénient à calculer par gros chiffres. On en prend l'habitude et l'on ne sait plus s'arranger des petits qui, dans la vie de tous les jours, sont plus fréquents que les gros. Or, la maladie de notre temps, c'est de vouloir avoir beaucoup, de faire grand. Les milliards ont poussé en Allemagne le mal jusqu'à son paroxysme. On prit l'habitude d'ajouter à toutes les sommes un ou plusieurs zéros. Il y eut une période de spéculation outrée. Le *Krach* ne se fit pas attendre, mais il n'amena pas une guérison durable. Quiconque s'était plu, en pensée, à ajouter un zéro à sa fortune, persista à voir ce zéro imaginaire et continua à mener une existence en rapport avec cette fortune.

Il y a quelque temps, un membre de la haute société russe me disait: « Il faut que vos compatriotes soient des gens à leur aise, car partout où l'on boit du champagne, j'entends parler allemand ! » Or, j'ai assez l'expérience de la vie pour savoir que ce ne sont pas les gens les plus riches, mais bien les plus légers, qui boivent du champagne. C'est en France également que nous avons pris l'habitude de ces libations copieuses.

On peut vivre heureux dans une chaumière, à une table servie frugalement, avec des habits qui montrent la corde, pourvu qu'on se contente de peu et qu'au fond du cœur on ne nourrisse pas la pensée qu'il est indispensable de manger tous les jours un biftecks, de boire un verre de vin et de porter des habits à la mode.

Ce contentement de peu, nous l'avons perdu en France. Un million de nos compatriotes, ce n'est pas trop dire, ont franchi la frontière, des centaines de milliers d'hommes ont campé dans les villas qui entourent Paris; ce qu'on y a ressenti à la vue de tout ce luxe, on l'a écrit aux siens, et quand on est enfin revenu s'asseoir au foyer de la famille, on l'a trouvé trop mesquin : où on le pouvait, on le reconstruisait, il fallait qu'il eût du style ; où on ne le pouvait pas, on n'en était que plus mécontent.

Qu'on refasse de nous des gens contents de peu !

Certains ont fait des économies avec la haute paye de guerre ; mais ces économies n'ont pas été employées à créer des choses utiles et durables, mais uniquement à satisfaire pendant un certain temps les goûts plus dispendieux rapportés de là-bas et à donner le mauvais exemple à ceux qui étaient restés au pays.

Et quand le petit pécule était dévoré, tous ces mécontents se mirent à crier bien fort contre le gouvernement, cela va de soi. C'est lui qui doit venir en aide à chacun. Un de nos meilleurs écrivains a fait de la situation la description suivante : « Il s'élève de la population comme un nuage de fumée épaisse et puante : ce sont les prétentions outrées de tous ; les cheminées des chaumières dans nos villages dégagent une fumée presque aussi épaisse que le gros nuage qui sort de celles des fabriques ; tout fonctionnaire grand ou petit, tout ouvrier a allumé son petit feu afin qu'on ne puisse pas le négliger et l'oublier. »

Et le gouvernement, que fait-il ?

Notre empereur, si généreux, voudrait bien faire en sorte que tous aient la poule au pot et

pas cela non seulement le dimanche ; parmi nos
princes, nous n'en connaissons pas un qui soit
capable de ne pas ressentir le même désir. Mais
notre quote-part aux biens de la terre, à nous
autres Allemands, est si réduite qu'elle suffit à
peine à nous donner des pommes de terre et du
pain de seigle, tandis qu'en France elle comporte un verre de vin du pays et du pain de
froment. Malgré cela, nous pourrions vivre
heureux si nous n'avions pas laissé en France
une grande partie de contentement ; une fraction de contentement qui vaut des milliards en
grand nombre !

Mais ne soyons pas injustes vis-à-vis des
Français, quelque grande que soit la haine
qu'ils nourrissent à notre égard. Toutes les
autres nations civilisées souffrent plus ou
moins de cette soif de jouissances qui envahi toutes les classes de la population, et le
nuage de fumée montait au-dessus de nos
maisons dès avant 1871, quoiqu'il fût bien
moins épais.

Et qu'on me permette maintenant d'adresser
quelques paroles aux « cent mille » d'entre
nous à qui elle monte à la tête.

De même que, dans une bonne armée,
l'exemple des officiers et des sous-officiers

exerce une influence décisive sur les simples soldats, leur conduite devant l'ennemi, et la manière dont ils remplissent leur tâche, de même aussi l'existence que mène la classe instruite influe grandement sur les masses, et à cette classe il est permis d'appliquer le vieil adage : « Noblesse oblige ».

Les gens instruits, les riches, ont des devoirs à remplir vis-à-vis de ceux qui sont moins instruits, vis-à-vis des pauvres.

Et vous avez négligé ces devoirs !

Dans un corps d'officiers où tout se passe selon les règles, ce n'est pas tel ou tel qui, par hasard, se trouve à la tête d'une grande fortune, qui donne le ton ; on a égard, au contraire, à ceux des camarades qui ne sont pas dans l'aisance.

Mais vous, hommes de la classe riche, vous faites étalage de luxe sous toutes les formes possibles, et plus vous pouvez en déployer au dehors, plus vous êtes contents. Que vous blessiez de la sorte les sentiments de ceux qui sont au-dessous de vous, de ceux qui sont dans l'indigence, cela vous est parfaitement égal.

Vous vous asseyez à des tables somptueusement servies, en quelque sorte en présence des affamés, et vous ne jouissez pleinement du

bonheur d'être vêtus de chaudes fourrures
qu'au milieu d'êtres grelottants.

Vous ne savez pas que le vêtement de travail
est le plus honorable ; vous croyez au contraire
que de ne rien faire, c'est un plus grand honneur
que de travailler ; hélas ! vous croyez même que
la fainéantise est plus noble que le labeur.

Et cette manière de voir est votre propre condamnation. Sachez que les faux-bourdons sont
chassés des ruches par les diligentes abeilles
qui ne veulent pas nourrir de bouches inutiles.

Autant vous méprisez le travail, autant les
classes ouvrières, dont le labeur est si dur, vous
haïssent. A nulle époque la colère et l'irritation
la plus amère n'étaient si près de déborder qu'à
la nôtre.

Pour votre bonheur, les bons exemples ne
nous manquent pas. A côté du propriétaire
gentleman qui se promène en touriste dans le
monde entier, qui préfère acheter un beau cheval de selle pour sa femme que deux autres
chevaux de labeur, il existe encore d'intrépides
fermiers ; leur front est bruni par le soleil, mais
ils ont la poigne solide ; leur jaquette montre la
corde, mais ils ont de fortes bottes, ils sont la
terreur des ouvriers paresseux et la joie des
valets laborieux.

Et dans toutes les autres professions vous trouverez à établir de ces comparaisons. Honneur aux ecclésiastiques qui, par l'exemple qu'ils donnent, commentent le mieux les préceptes généreux du Sauveur; honneur aux maîtres qui inculquent à leurs élèves non seulement le savoir, mais encore la vertu. Estimons-nous heureux en outre qu'il y en ait encore parmi nous qui aiment mieux visiter à la dérobée les chaumières des pauvres, plutôt que de parader dans les ventes de bienfaisance.

Vous pourriez donc, si vous le vouliez, apprendre le bien plutôt que de visiter ces écoles du vice qu'on nomme les stations balnéaires et les villégiatures; ce sont là les temples de la fainéantise qui couvrent le sol entier de la patrie comme une épaisse toile d'araignée et où vous introduisez en outre les mauvaises habitudes que vous avez prises à l'étranger, dans les villes qui sont les foyers de la paresse, de la luxure et du vice.

Et ce sont les femmes, hélas! qui sont les plus acharnées à accomplir cette vilaine besogne. Pourtant, elles, du moins, n'ont pas pu apprendre à mal faire, en 1870, en France; elles n'y sont venues qu'en petit nombre, et celles qui y ont été portaient un uniforme bien modeste et leur cœur était pur comme l'or.

Nous ne pouvons donc pas imputer à ces méchants Français la décadence de la femme allemande; ce n'est pas eux qui lui ont fait perdre les qualités que nous prisions le plus en elle : les vertus de la brave ménagère et de la mère fidèle. Ce sont les chemins de fer et les bateaux à vapeur qui leur ont en grande partie ravi ces vertus. Tout nouveau guide des voyageurs qui paraît leur fait connaître de nouvelles contrées, toutes plus belles que le pays natal, et que toutes on ferait bien d'aller visiter plutôt que de s'occuper du mari. Ce mari d'ailleurs, on l'emmènera, ne serait-ce que pour payer les notes et pour s'occuper des bagages.

Cette fureur des voyages qui, entretenue surtout par nos femmes, est devenue, grâce à elles, si coûteuse, cette fureur est une des maladies les plus graves dont souffre notre nation. En bien des cas elle traîne à sa suite l'appauvrissement; elle prive, par ses retours réguliers, tous ceux qui en sont atteints, des moyens d'entretenir une cordiale hospitalité entre voisins et amis, des moyens en outre de former le cœur et l'esprit.

Le Dieu tout-puissant nous a-t-il par hasard, outre les chemins de fer, accordé aussi des

subsides de voyage? En tout cas il n'en a fourni
qu'à quelques privilégiés et nous autres, le
commun des mortels, nous serons bien obligés
de les prendre sur le nécessaire ; ou bien faisons
mieux, entamons notre capital, dévorons-le,
mangeons-le morceau par morceau jusqu'à ce
qu'il n'en reste plus rien à nos enfants et qu'ils
se voient réduits à se créer eux-mêmes une position. C'est là leur affaire et d'ailleurs ils n'ont
qu'à s'entr'aider, Dieu merci ils sont assez nombreux pour cela — ou bien c'est ce gueux d'État
qui va nous donner de l'argent pour nos
voyages.

Je me résume. Nous avons soif de jouissances matérielles ; tous, grands et petits, ont
des prétentions insoutenables : elles ont été
provoquées par la création des moyens de communication modernes ; par la comparaison qu'il
nous a été facile, grâce à eux, d'établir entre
notre médiocrité et l'éclat et les splendeurs des
autres ; la guerre de 1870 a considérablement
surexcité cette soif et ces prétentions ; elles ne
pourront être réduites à leur juste mesure que
par une catastrophe, un bouleversement
énorme. Or la révolution qu'amènera forcément la haine des classes inférieures, si elle
grandit encore, cette révolution sera bien plus

horrible qu'une guerre extérieure, si dure
qu'elle puisse être.

Si nous terminions ici nos considérations,
ceux de nos lecteurs qui sont habitués à des
déductions logiques pourraient nous reprocher
de n'avoir pas parlé de la grande utilité qu'aurait une nouvelle guerre pour l'Empire, qui a
besoin de voir se consolider son organisation
intérieure, de voir, dit-on, le sentiment de la nationalité allemande s'étendre et se fortifier et
décroître sa population. Nous faisons donc un
post-scriptum.

Je voyage beaucoup dans l'Empire allemand ;
j'ai tout le temps qu'il faut pour cela et la
chose m'est rendue très facile.

C'est que la plupart de ces voyages, je les fais
entre mes quatre murs, à l'aide d'une foule de
journaux, de livres et de brochures. Je dois
reconnaître que ces billets de voyages circu-
laires dont nous sommes redevables à nos litté-
rateurs et à nos artistes satisfont à toutes les
exigences raisonnables; si bien que, lorsqu'on est
un lecteur quelque peu attentif, aucun des
points importants de notre patrie ne saurait
vous échapper ; souvent même nous voyons les
coins les plus reculés, les localités les plus incon-
nues éclairés à la lumière électrique.

Il m'a donc été possible de me faire une idée
assez claire, assez nette sur toutes ces questions.

L'Empire allemand est un édifice construit
dans des conditions de solidité extraordinaires.
Il a été élevé d'après toutes les règles de l'ar-
chitecture et de la mécanique modernes et présente des garanties de sécurité et de sûreté plus
que suffisantes. Mais il a l'air fait de pièces et
de morceaux ; il y a là les Alpes de Bavière,
l'Alp Souabe et d'autres saillies bien voyantes.
Il provoquera donc toujours les critiques de
tous les faiseurs d'État et ils chercheront à le
faire tomber en soufflant dessus comme si c'était
un château de cartes. Quiconque est assis à sa
fenêtre ouverte, sent fort bien le vent frais
qu'ils produisent en gonflant les joues.

Et l'idée nationale allemande ?

Nous l'avons développée, elle a atteint une
jolie hauteur, nous n'avons nullement besoin
qu'on la surexcite encore, car cela ne pourrait
avoir d'autre résultat que de nous aliéner les
différentes nations de l'Europe. Nous ne sommes
pas seuls à habiter le globe terrestre et nous
aimons à voir autour de nous des visages amis.

Et le chiffre de la population qu'il s'agit de
faire diminuer ?

Disons entre parenthèses que ceux-là sont nombreux qui, ayant de quoi manger à leur faim, se réjouissent de l'accroissement incessant de la population en Allemagne. La guerre de 1870 nous a coûté 40,743 hommes. Dans ce nombre figurent 28,282 hommes tombés devant l'ennemi ou morts de leurs blessures. Combien de guerres aussi terribles nous faudrait-il, par conséquent, soutenir d'année en année pour maintenir le chiffre de la population à la hauteur qu'il atteint à présent, hauteur qui donne à penser à tant de monde?

Tout cela, ce ne sont que des plaisanteries dont on n'a que faire dans un livre aussi sérieux qu'est celui que nous écrivons.

IV

QUÉLLE POSITION L'ALLEMAGNE ET LA FRANCE OCCUPENT-ELLES SOUS LE RAPPORT DE LA POLITIQUE VIS-A-VIS DES AUTRES ÉTATS, ET N'EST-IL-PAS PROBABLE QUE LA LUTTE, CETTE FOIS-CI ENCORE, SE TROUVERA LOCALISÉE ?

Les Allemands et les Français se trouvent vis-à-vis des autres nations de l'Europe dans une situation si particulière que, dans la prochaine guerre, un certain nombre de celles-ci, non seulement pourront être amenées à témoigner leurs sympathies et à porter des secours efficaces aux uns plutôt qu'aux autres, mais encore que le monde entier, comme on dit, pourra être embrasé.

Les moyens de communication ont été tellement développés dans la petite Europe que les
États sont vis-à-vis les uns des autres dans une
dépendance telle que, dans les siècles passés,
on n'eût pu s'en faire la moindre idée. Chacun
des États civilisés relève de tous les autres. C'est
à peine si quelques recoins isolés n'ont pas
encore subi la loi générale, comme par exemple
ce nid d'hirondelles qu'on nomme la principauté
de Monaco.

Les autres États indépendants ne peuvent
plus, comme cela se faisait dans le temps passé,
rester des pays fermés, des nations réellement
indépendantes les unes des autres, il leur faut
avoir égard aux autres à un degré très élevé,
et l'indépendance politique des États secondaires
n'existe plus.

Les diplomates énumèrent, en les comptant
sur le bout des doigts, les forces militaires
des différents États, et, quoiqu'on observe les
formes, qu'on déploie une politesse exquise, ce
sont les effectifs des armées qui forment la
base de leurs rapports et qui déterminent la
mesure dans laquelle, même à l'intérieur, il est
permis d'agir avec une liberté pleine et entière.

L'indépendance de ceux des États, par conséquent, qui ne peuvent disposer que d'un

petit nombre de corps d'armée n'est qu'illusoire, alors même que leur position géographique est des plus favorables. Ces États feront bien de renoncer partiellement à leur indépendance et de se rattacher à une grande puissance afin que celle-ci sauvegarde leurs intérêts comme elle fait des siens propres. S'ils agissent de la sorte, ils occuperont en Europe une situation plus élevée et plus sûre que n'en occupe d'ordinaire un petit État qui est le jouet des grands voisins.

Cette transformation que la situation politique de l'Europe rend nécessaire est en voie de s'accomplir; elle n'est achevée que pour une fraction minime de ces États. C'est là que la diplomatie trouve son principal champ d'action et elle y déploie une activité d'autant plus intense qu'elle a vu singulièrement réduit son domaine héréditaire, les États allemands et italiens.

La situation se complique encore par suite de la soif d'indépendance nationale et même politique qui s'est emparée des petites nations, jusqu'aux plus infimes.

L'instinct qui pousse les petits à vouloir jouer un rôle, à ne pas disparaître totalement, constitue une réaction toute naturelle contre la vapeur, cette force motrice moderne qui nivelle tout, qui absorbe les petits et les jette à la

cuve où bout la grande masse liquide. Tant
que nous vivrons, nous assisterons à ce spectacle, nous verrons les petites nations s'élever
et grandir, leur littérature même renaîtra ; il
pourra se faire qu'ils s'en créent une, ils éten-
dront leur langue et leurs mœurs aux régions
voisines ; mais tous ces progrès ne seront que
fictifs, nous aurons simplement entendu le cri
de détresse d'hommes qui se noient.

De grandes nations même ont disparu dans
le cours du temps, et ce temps éternel continue
à charrier ses vagues hautes et écumantes, il
roule ses flots tumultueux jusqu'aux extré-
mités les plus reculées du globe.

Un autre point dont il faut grandement tenir
compte, c'est la forme du gouvernement dans les
différents États.

La moyenne de l'instruction s'est singulièrement élevée chez tous les peuples civilisés ; cela
aussi a été la conséquence forcée du rapproche-
ment qui a eu lieu entre elles, du mélange qui
s'est en quelque sorte produit : cette moyenne
s'élèvera davantage encore. Grâce à cette diffu-
sion de l'instruction, il s'est produit ce fait que,
non seulement les hommes qui marchaient à la
tête de leur nation ont adopté des idées plus libérales — bien justifiées évidemment, — mais encore

que les masses qui, elles, n'étaient encore qu'imparfaitement instruites, ont été travaillées par des idées malsaines et confuses, des rêves et des utopies. Entre les vérités enseignées par le christianisme et les idées nées du développement intellectuel des peuples, il s'est produit un certain antagonisme ; les dissensions, les controverses qui ont surgi au sein même des différentes confessions ont contribué à briser le frein puissant qui empêchait encore bien des hommes les plus pervers à commettre des crimes contre la personne du prochain, et surtout à en commettre contre le gouvernement légitime.

Malgré les sensibles progrès faits par l'instruction, il existe, par conséquent, des couches entières et nombreuses de la population pour lesquelles il n'y a plus rien de sacré et les baïonnettes seules sont assez puissantes pour empêcher l'anarchie sauvage et terrible de se produire et de se propager.

La monarchie, cette forme de gouvernement qui constitue la digue la plus puissante contre le bouleversement que rêve le parti rouge, est la première à se voir en butte à ces attaques, quoique dans la plupart des pays le pouvoir du souverain soit limité et qu'on ait réduit ses attributions conformément aux idées modernes répandues dans toutes les nations civilisées.

« La République française, qui semble de plus en plus vouloir remplacer les trois couleurs par le drapeau rouge de l'Internationale, est donc une menace sérieuse pour toutes les dynasties, tandis que, dans tous les pays, on considère l'armée impériale allemande comme le rempart puissant qui s'oppose aux tentatives des anarchistes qui, à cette heure, menacent de bouleverser tous les États civilisés.

Si l'on a bien suivi les faits tels que nous venons de les exposer, on pourra facilement voir quelle part prendront, selon toute probabilité, à la prochaine guerre franco-allemande les autres États de l'Europe.

Tous assisteront en spectateurs à cette lutte si intéressante ; ils chercheront à tirer le plus de profit possible, profit politique et pécuniaire, de la situation, du fait que les forces si considérables de ces deux nations seront neutralisées par la guerre : mais ils n'y prendront pas une part active. Non seulement ils y dépenseraient beaucoup d'argent, mais ils seront encore retenus par cette considération qu'il est impossible de prévoir les conséquences qu'aurait pour eux leur participation. Depuis que les

Allemands ont jeté par-dessus les moulins le
bonnet de nuit qui s'appelait la diète germanique, on ne sait plus de quoi ils ne seraient
pas capables. Quant aux Français, ils ne sont
pas dangereux seulement quand ils sont vos
ennemis, ils le sont encore lorsqu'on les a pour
amis.

Il suffira donc, pour répondre au but qu'on
se propose dans ce livre, de passer rapidement
en revue ceux des États de l'Europe qui seraient
plus directement intéressés à la guerre.

L'Autriche.

L'empire d'Autriche ne forme pas seulement
un État grâce aux liens intimes qui rattachent
chacun des différents peuples qui le composent
à la dynastie impériale. L'Autriche, en outre, est
une nécessité géographique.

Il lui faut concilier les intérêts d'une foule de
nationalités étrangement entremêlées et souvent hostiles; il s'agit de grouper ces nationalités en un État puissant de telle sorte que la
force et l'éclat du grand tout puisse rejaillir
même sur le plus petit des peuples qui le composent et puisse lui profiter et le satisfaire. C'est

là une tâche qui, semblerait-il, est au-dessus des forces humaines. L'Autriche parvient à peu de chose près à réaliser ce rêve.

Le monarque qui préside à ses destinées est un homme doué de sentiments élevés et vraiment impériaux, d'une intelligence libre. Il a su réprimer en lui tout regret, toute amertume, qu'aurait pu laisser dans son âme l'échec subi dans la réalisation des desseins que la politique de sa maison poursuivait depuis des siècles en Italie et en Allemagne. L'Autriche a tenu compte de la situation nouvelle de l'Europe et s'est fait un fidèle allié d'un État qui eût pu devenir un voisin méfiant et soupçonneux si l'empereur François-Joseph avait obéi à de mesquines rancunes.

La position qu'occupe l'Allemagne vis-à-vis de l'Autriche est toute spéciale. Ces deux pays sont devenus des empires frères, grâce à l'union intime entre les sujets autrichiens de nationalité allemande, si nombreux et si intelligents, et le peuple magyar. C'est là un fait établi et ni le mauvais vouloir de certains hommes, ni les différences de vues qui se sont produites sur telle ou telle question économique, ni la mauvaise humeur passagère qui en est résulté n'y changeront rien. Les Allemands de l'Autriche sont tout aussi

bien des fils de la Germanie que les races
unies sous le sceptre de l'empereur d'Allemagne ; et l'affection que nous portons à ces
frères qui ne sont pas compris dans notre
union intime n'en sera que plus vive. Nous nous
consolerons de ce que, politiquement, ils ne
font pas partie de notre empire par la pensée
que, pour l'Autriche et l'Allemagne, l'alliance
intime, inébranlable sera une chose toute naturelle, une de ces choses dont on dit : « Cela va
de soi. »

Nous autres Allemands de l'Empire, nous dé-
sirons tout particulièrement de pouvoir prouver
ces sentiments d'union, non seulement par des
visites officielles, mais en prenant fait et cause
pour l'Autriche au moment du danger. Si la
guerre est localisée entre la France et l'Allemagne, l'Autriche n'aura aucune raison de ne
pas rester neutre ; si la guerre devait devenir
générale, elle nous verrait à ses côtés.

La Russie

Depuis plus d'un siècle la paix a régné entre
les Russes et les Allemands, et non seulement la
paix, mais encore la confraternité d'armes

scellée par de longues guerres. Pendant la période de paix fort longue qui suivit ces guerres, les deux nations se sont, sauf de rares exceptions, fidèlement prêté un appui mutuel.

Cette situation, qui avait duré si longtemps qu'on la croyait inébranlable, n'en a pas moins été modifiée considérablement par le rétablissement de l'empire d'Allemagne.

Tant que la Prusse se trouvait isolée en Allemagne, qu'elle y était même traitée en ennemie, que la France la menaçait, il lui avait fallu se lier intimement avec la Russie. Celle-ci, étant la plus puissante des deux, avait pris l'habitude, tout en témoignant à l'autre sa bienveillance, de lui faire sentir en quelque sorte son influence paternelle, et en de certaines occasions le père était devenu un tuteur, nous dirions presque un conseil judiciaire.

La Prusse, grâce à la position toute nouvelle qu'elle avait conquise en Europe, était devenue indépendante ; son roi avait en sa qualité d'empereur d'Allemagne des droits et des devoirs politiques bien plus étendus que jadis ; il n'était donc plus possible que les rapports entre les deux puissances restassent les mêmes. Il fallait que les deux empereurs montrassent le plus grand tact, que des hommes d'État de génie

employassent toute leur énergie et leur science
pour que les rapports entre les deux États, tels
qu'ils durent être après la transformation de la
Prusse, fussent amicales, voire même cordiales.

Une noble sincérité, voilà ce qui contribuera
le plus à entretenir les bons rapports que nous
avons l'habitude de voir subsister entre l'Allemagne et l'empire de Russie.

L'empire des Tzars s'étend d'ores et déjà sur
une grande partie du globe : il tend à s'agrandir
sans cesse; cet instinct, toutes les parties de son
corps gigantesque en sont comme imprégnées
et le gouvernement lui-même ne saurait le con-
tenir à la longue; quelle que soit la noblesse des
sentiments qui animent tout tzar, il y aura
toujours en lui une parcelle d'Attila.

Poussée par cet instinct puissant de s'étendre
sans cesse, la Russie a déjà absorbé le royaume de
Pologne. Hélas ! la Prusse dut prendre part à
sa destruction ! Maintenant, c'est elle qui est sur
la brèche.

Personne de sensé en Russie ne doutera un
moment que nous puissions ne pas combattre.

Il s'agira de défendre à l'Est, tout aussi bien
que sur le Rhin, notre existence nationale, notre
indépendance et notre honneur.

Les Russes feraient mieux de ne pas nous

jeter le gant ; qu'ils aillent cueillir des lauriers
dans d'autres parties du monde, s'ils ne peuvent
pas vivre sans lauriers !

Il y a place pour tout le monde sur la vaste
terre.

L'Angleterre.

Le peuple anglais est celui qui, par son origine et ses mœurs, se rapproche le plus du
peuple allemand : sur bien des champs de bataille les soldats des deux pays ont combattu
en frères d'armes fidèles, pour la même cause.
Partout où les Allemands ont marché contre les
Anglais, ils le faisaient étant à la solde de la
France.

Il n'existe aucun motif pour sacrifier cette
vieille confraternité d'armes à de misérables
et petites jalousies. Les Anglais ont été longtemps les maîtres incontestés des mers, ils sont
un peu égoïstes de leur nature ; ils n'ont donc
pas su cacher l'étonnement qu'ils ressentaient
en voyant l'Allemagne unifiée jouer un grand
rôle politique et devenir pour eux un concurrent
sérieux, devenir leur égale grâce au développement rapide de son industrie et de son commerce. Tout Allemand qui jugera la situation

avec l'objectivité voulue trouvera cela tout naturel de la part des Anglais.

Les deux nations sont composées de gens froids et réfléchis. Elles sauront éviter tout différend sérieux pouvant altérer leurs bons rapports, car ce différend ne pourrait être que préjudiciable à leurs intérêts. Ces intérêts en bien des circonstances exigeront une action commune, et il n'existe guère deux autres peuples dont les forces soient plus aptes à se compléter réciproquement.

L'Italie.

Si l'Italie a pu conquérir son unité, elle en est redevable non seulement au patriotisme de ses habitants, à l'action énergique de la maison de Savoie qui occupe son trône, mais encore à la coopération active de la France et à l'aide indirecte de l'Allemagne.

La France a demandé des compensations : il fallut lui donner le domaine patrimonial du roi d'Italie ; elle ne permit pas aux Italiens d'aller à Rome. Tout cela ne leur à pas permis de nourrir des sentiments de gratitude aussi vifs qu'ils l'eussent dû être vis-à-vis d'un peuple auquel les rattachait une origine, des mœurs communes et l'affinité des langues.

Les rapports intimes qui devraient exister entre les deux grandes puissances latines sont troublés en outre par la rivalité qui les divise dans la Méditerranée. Mais, tant que la France conservera le régime républicain, elle pourra compter sur les vives sympathies des républicains fort nombreux en Italie.

L'Allemagne et l'Italie n'ont pas d'intérêts opposés qui en puissent faire des rivales. Les rapports entre les deux pays vont s'étendant chaque jour ; dans la prochaine guerre par conséquent qui éclatera entre la France et l'Allemagne on ne verra se former au sud des Alpes qu'une légion italienne très faible.

Le Danemark.

Le peuple danois touche de près à la nation allemande. Mais depuis longtemps les deux peuples étaient devenus étrangers l'un à l'autre. La scission est devenue plus profonde encore quand le Danemark tenta d'établir une union intime entre ses provinces proprement dites et ses territoires allemands, le Schleswig, le Holstein et le Lauenbourg. Il faudra bien des années encore avant que les rapports des deux peuples redeviennent cordiaux, car à l'heure actuelle ils sont loin de l'être.

Par sa position géographique le Danemark est tout naturellement désigné pour servir de base d'opérations à un corps de débarquement destiné à opérer contre l'Allemagne. Son armée solide, quoique petite, paraît devoir se joindre à ce corps et lui servir en quelque sorte de guide.

En 1870, la Russie s'est opposée à ce que le Danemark agît de la sorte, mais lors de la prochaine guerre franco-allemande on essayera de rechef de l'entraîner à y prendre une part active.

La Hollande, la Belgique et la Suisse.

L'Europe vit renaître l'empire d'Allemagne au cours d'une grande guerre. On l'accueillit avec une méfiance presque universelle. Il avait été proclamé sur le territoire français; on s'attendait donc à lui voir suivre la voie qu'avait suivie le premier empire, et cette dénomination d'Empire allemand était faite pour inspirer des inquiétudes, particulièrement aux pays qui

avaient été rattachés par des liens plus intimes
à l'ancien empire d'Allemagne.

L'empereur Guillaume donna à l'Europe
l'assurance qu'il consacrerait sa puissance à
maintenir et à consolider la paix. De sa part ce
n'était pas là une vaine promesse, il a tenu
parole et depuis lors toutes les appréhensions se
sont évanouies. L'Empire allemand n'est plus
un obstacle et un sujet de haine que pour ceux
qui cherchent à provoquer en Europe un bouleversement d'ordre politique ou social. Malheu-
sement le nombre de ces hommes n'est pas petit ;
ce sont des gens actifs ; ils ne tiennent pas seulement leurs conciliabules dans les salles de
réunion des anarchistes, mais bien encore dans
les salons de toute espèce et dans les salles du
conseil de certains ministères des affaires étrangères.

L'Allemagne régénérée est assez forte pour
protéger son propre territoire contre n'importe
quelle coalition ; mais la situation pourrait
bien devenir telle qu'il ne lui fût plus possible
de garantir leurs possessions à d'autres États.

On ressent en bien des endroits des velléités
républicaines, ces velléités pourraient bien
amener la foule non seulement dans la république Helvétique, mais encore dans la ci-devant

république batave, à préparer un accueil triom-
phal aux troupes d'occupation françaises et à
émettre des votes qui rappelleraient de bien près
Nice et la Savoie.

Le concert européen! — Ah oui, parlons-en;
on peut actuellement déjà entendre souvent des
voix qui détonnent : pour toute protection ce
concert n'a qu'une égide en papier qui, même en
temps de paix, est d'une utilité douteuse; s'il
éclate une guerre qui divise l'Europe en deux
camps, cette égide se trouvera déchirée et ce
n'est que pendant les négociations d'où sortira la
paix générale qu'on la réparera, selon le mérite
de chacun, pour l'étendre au-dessus de l'Europe
reconstituée.

Il ne faut pas être un bien grand génie pour
trouver dans l'histoire des dernières cent années
des preuves de ce que nous venons de dire.

Les États qui n'ont pas une armée bien considérable formeront pendant la prochaine guerre
franco-allemande les coulisses du théâtre de la
guerre proprement dite. On ne pourra donc se
dispenser de leur donner ce conseil : faites que
vous ayez des armées capables de fournir une
résistance efficace et couvrez vos frontières
d'ouvrages de défense !

La Turquie.

La décomposition de l'Empire turc, jadis si formidable, a fait pendant les dix années qui viennent de s'écouler des progrès fort rapides. Autour de la couche où gît le moribond, ceux qui se considèrent comme ses héritiers se disputent l'héritage. C'est là un spectacle peu ragoûtant. Comme les grandes puissances de l'Europe ont toutes des intérêts souvent contradictoires à défendre, la dispute devra forcément finir par dégénérer en une lutte des plus sérieuses. La plus audacieuse d'entre elles aurait depuis longtemps engagé cette lutte si l'enjeu n'était pas si élevé et le gain si peu assuré.

A première vue, il semblerait que l'Allemagne fût, moins que toutes les autres, intéressée à la question d'Orient, mais le temps n'est plus où il lui était permis de dormir quand « là-bas, tout là-bas, en Turquie, les peuples distribuaient et recevaient des horions ».

Notre auguste souverain a déclaré que le nouvel empire avait à remplir une mission pacifique ; mais cette mission n'est guère moins

dangereuse que si on avait été carrément de
l'avant, si on avait commencé la guerre, vu la
grande puissance dont disposent actuellement
les Allemands. Cette mission pacifique nous a
menés à faire une tentative consistant à régler
la situation de l'Empire turc, à lui permettre de
faire un nouveau bail avec la vie, afin de faire
disparaître, de la sorte, la pomme de discorde
qui menaçait sans cesse la paix européenne.

Un certain nombre de provinces turques se
sont détachées de l'empire et ont formé de
petits États. L'usage que ces États font de leur
indépendance prouve que la sécurité politique
de l'Europe n'a pas du tout gagné à voir la
Turquie se désagréger. Il n'existe aucune raison
qui permît d'admettre que, si elle se disloquait
totalement, si on procédait à une liquidation
générale, on obtiendrait des résultats meilleurs.

On a donc eu raison de vouloir reformer
l'Empire turc, de vouloir le transformer en un
État moderne à même de satisfaire à toutes les
exigences de notre époque. Cette tentative est
absolument justifiée et toutes les nations devraient
y prêter la main et cela de grand cœur. Je dis :
toutes les nations. — Mais, hélas ! il y en a une
très grande qui ne le peut pas, la nation russe
qui tend sans cesse à s'étendre au sud et à l'ouest.

Elle se considère comme l'unique héritière légitime de la splendeur turque, en Europe comme en Asie, et si elle était assez puissante, elle n'hésiterait pas un moment et se mettrait immédiatement en possession de l'héritage convoité.

Mais la Russie ne dispose pas pour cela de moyens suffisants ; la preuve en a été fournie par la dernière guerre qu'elle a faite à la Turquie, guerre à laquelle l'Europe occidentale assista en spectatrice oisive. A l'avenir on verra, dans toute guerre qui viendra à éclater entre les Russes et les Turcs, plusieurs des grandes puissances militaires prendre fait et cause pour ces derniers ; la Russie ne pourra donc engager la lutte que si, elle aussi, a su trouver des alliés solides. Et ces alliés, elle pourra les trouver, grace à la prochaine guerre franco-allemande.

Les ennemis intérieurs.

Les peuples qui composent l'Empire allemand sont sous le rapport de l'origine, de la religion, de la langue et des mœurs, fort différents les uns des autres ; il y a des contrastes qui, à en juger par les articles des journaux et les délibé-

rations du *Reichstag* semblent être des plus
tranchés. On pourrait aisément se laisser aller à
espérer des dissensions profondes, et cela d'autant plus que l'histoire du peuple allemand a eu
à enregistrer d'innombrables luttes intestines et
même des alliances avec l'étranger qui constituent de véritables actes de félonie vis-à-vis de
la patrie.

Certains partis pourraient donc se soulever,
des États entiers pourraient se détacher de
l'empire. Ce danger, heureusement, est conjuré
par ce fait que l'empereur, en sa qualité de roi
de Prusse, est de beaucoup le prince le plus
puissant de l'empire, et par cet autre que l'esprit
militaire prussien si rigide s'est communiqué à
toute l'Allemagne. Le temps n'est plus où, par
esprit humanitaire, on tolérait, on favorisait
même les ennemis de l'empire comme on le faisait d'ailleurs pour d'autres criminels aussi. Au
contraire, on est convaincu que c'est précisément vis-à-vis des ennnemis intérieurs qu'il
faut déployer la sévérité la plus grande, une
sévérité implacable : *Oderint dum metuant.*

Nulle part, en Allemagne, on ne répondrait par
un refus de marcher si l'empereur appelait à lui
ses peuples.

V

LE THÉATRE DE LA PROCHAINE GUERRE
FRANCO-ALLEMANDE.

Nos pères avaient pris l'habitude de considérer l'Allemagne comme le théâtre naturel où
opéraient les armées ennemies et amies ; en
particulier pour les armées françaises, c'était
là la règle : elles entraient sur le territoire
allemand et y livraient leurs batailles.

L'Allemagne était divisée en tant de différents
États, elle était tellement désunie que la pensée
pouvait difficilement se faire jour qu'il serait
plus pratique d'aller chercher l'ennemi sur son
territoire à lui, et quand une fois on eut échoué
dans l'entreprise — menée avec tant de faiblesse — de restaurer la monarchie en France,

14.

on considéra ce pays comme ne se prêtant nullement à une invasion.

Mais à l'heure qu'il est, la ligne frontière a été déplacée, l'Allemagne est unifiée ; tout cela a changé, la situation n'est plus du tout la même. Nous possédons les clefs de notre maison et nous sommes bien moins que par le passé exposés à voir notre pays envahi par les Français.

Si nous devons nous trouver en face de la France seule, nous profiterons de la supériorité de notre armée de terre pour prendre rapidement l'offensive et nous frapperons les coups décisifs sur le sol français.

Si nous avons en face de nous une coalition, nous laisserons le principal adversaire se masser et s'user sur le théâtre des opérations de l'ouest préparé pour la défensive et s'y prêtant fort bien. Même dans ce cas il n'est guère probable que les armées françaises, fût-ce pour un court espace de temps, fouleront le sol de la rive orientale du Rhin. En avant de Metz et sur le Rhin supérieur on se livrera des combats indécis jusqu'au moment où les événements sur l'autre théâtre des opérations nous permettront de déployer notre supériorité numérique dans l'ouest également, et de faire franchir à nos armées la frontière française.

Les voies ferrées de l'Allemagne sont établies
de manière à faciliter grandement le transport
rapide de grandes masses de troupes, surtout
depuis l'intérieur de l'Allemagne jusqu'à la
frontière occidentale. Elles rendent à notre
armée de terre les mêmes services — d'une
manière imparfaite encore, il est vrai, — que
le canal de la mer Baltique à la mer du Nord
sera sous peu appelé à rendre à notre flotte.
Une partie considérable de l'armée pourra être
employée, selon les besoins du moment, dans
l'est et dans l'ouest.

Lors de la guerre de 1870 la concentration
des armées allemandes sur la frontière française, le transport des vivres, des troupes de
dépôt, et du parc de siège, le rapatriement des
armées et surtout la répartition des masses
ennemies faites prisonnières et de leur matériel
de guerre sur toutes les provinces et pays de
l'empire, tout cela a nécessité d'énormes transports par chemins de fer ; le grand état-major
allemand a su organiser ce service avec une pré-
cision et une sûreté admirables, les administrations supérieures des lignes ferrées ont montré
de leur côté qu'elles étaient absolument en état de
satisfaire aux exigences mêmes extraordinaires.

Depuis cette époque on a organisé d'une manière plus pratique encore le rôle qu'auront à jouer en cas de guerre les autorités compétentes, c'est-à-dire l'état-major d'une part et l'administration des chemins de fer de l'autre ; les lignes les plus importantes ont été rachetées par l'État, ce qui facilitera beaucoup le fonctionnement des services. Lors d'une nouvelle guerre, par conséquent, nos lignes ferrées rendront des services plus grands encore.

Or si l'Allemagne doit se trouver en face d'une coalition, les chemins de fer constitueront un des éléments essentiels de sa force. Ils permettront de tirer des lignes d'opérations intérieures un parti tel qu'avant l'époque de la vapeur il n'était absolument pas possible et tel en outre qu'aucun autre État, à l'heure présente, ne saurait espérer de ces voies ferrées une aide aussi sûre et aussi complète.

Si le peuple allemand devait être attaqué simultanément par la France et la Russie, il pourrait engager la lutte avec une confiance pleine et entière eu égard aux moyens dont il dispose actuellement. Mais cette éventualité est fort peu probable. Nous ne nous en occuperons donc pas dans les chapitres qui vont suivre ; nous nous contenterons d'étudier la frontière franco-allemande et les côtes des deux pays.

La frontière franco-allemande.

La frontière qui est actuellement commune
à la France et à l'Allemagne est longue d'environ trente milles allemands ou deux-cent
vingt-cinq kilomètres ; elle s'étend depuis le
territoire luxembourgeois jusqu'à celui de la
Suisse et elle décrit un arc de cercle dans la
direction du sud-est, la courbe s'ouvrant vers
le sud-ouest.

A l'extrémité nord cette ligne de démarcation est déterminée par la place forte de Metz,
à l'extrémité sud par celle de Belfort ; on s'est
vu contraint d'adjoindre aux deux forteresses
le terrain s'étendant en avant d'elles sur une
longueur d'environ un mille allemand et demi,
dans la direction de l'ouest pour Metz, dans celle
de l'est pour Belfort ; entre les deux la ligne de
séparation des eaux dans la chaîne des Vosges
a paru constituer la ligne de démarcation la
plus pratique ; au demeurant on a cherché à
laisser à la France le plus d'habitants parlant
français et à maintenir les délimitations can-
tonales et communales le plus qu'il était possible.

A l'est de cette frontière la vallée du Rhin s'étendant du sud au nord, depuis Bâle jusqu'à Mayence, forme une section de terrain des plus importantes. Le fleuve large et navigable constitue un obstacle de première catégorie pour les mouvements de troupes ; les ponts fixes protégés par des places très fortes permettent de faire passer d'une rive à l'autre, en toute saison, des masses de troupes considérables ; sur les deux rives se trouvent des voies ferrées parallèles au fleuve ; de nombreuses routes courent également du sud au nord ; en outre le Rhin est sillonné par une flotte nombreuse de bateaux à vapeur ; tous ces moyens de communication et de transport permettront de faire mouvoir des corps de troupes considérables parallèlement au Rhin.

Depuis que le Luxembourg a été déclaré pays neutre, que pour la grande forteresse de Metz (y compris Thionville) tous les ouvrages ont été achevés et complétés, les places fortes du Rhin situées au nord de Mayence ont vu leur importance diminuer considérablement ; par contre les forteresses de la vallée supérieure du Rhin — fort différentes les unes des autres — qui sont situées au sud de cette place d'armes centrale sont devenues plus importantes et on a complété ou modifié leurs fortifications comme la situation nouvelle l'exigeait.

Le terrain s'étendant à l'ouest du Rhin supérieur peut se diviser en trois grandes parties : la plaine peu élevée de la rive gauche du Rhin, la région montagneuse des Vosges et de la Haardt et le pays de collines à l'ouest de cette chaîne, comprenant les territoires français de la Lorraine allemande.

La plaine de la rive gauche du Rhin.

Au sud, la plaine peu élevée de la rive gauche du Rhin se transforme en pays de collines ; c'est le Sundgau dont la vallée aux bords évasés qui s'étend des Vosges au Jura (la trouée de Belfort) forme en quelque sorte la continuation. Comparée aux chaînes de montagnes entre lesquelles elle s'étend, cette dépression est fort praticable et depuis les temps les plus reculés elle a servi de voie de communication entre l'Allemagne et la Bourgogne. Il s'y trouve de bonnes routes ; de plus elle est traversée par la ligne de Mulhouse à Belfort et le canal du Rhône au Rhin ; cette trouée est fermée par la forteresse de Belfort rétrocédée à la France.

En s'étendant dans la direction de l'Alsace septentrionale, la plaine peu élevée de la rive gauche du Rhin devient plus large ; de vingt-trois kilomètres, cette largeur monte à trente-huit, mais en même temps elle cesse d'être une plaine proprement dite : les collines deviennent plus hautes, leurs contreforts s'avancent jusqu'aux bords du fleuve et les cours d'eau, au lieu de couler parallèlement au Rhin, lui sont presque perpendiculaires.

Au nord du confluent de la Lauter le caractère nettement tranché de la plaine reparaît ; les terrasses escarpées de la Haardt sont éloignées d'environ vingt-trois kilomètres du fleuve, et jusque vers Worms la plaine du Palatinat du Rhin n'est coupée que par des suites de hauteurs peu élevées et traversée par de petits cours d'eau ; au nord de Worms s'étend le pays de collines de la Hesse rhénane.

Prise dans son ensemble, la plaine de la rive gauche du Rhin est fort bien cultivée ; la population y est très dense, tout cela permet de faire cantonner dans cette région des masses de troupes fort nombreuses pendant un temps relativement long.

Dans l'Alsace méridionale le terrain, dans la
direction de l'est à l'ouest, oppose à la marche
des troupes des obstacles assez considérables, vu
qu'il est traversé par le canal du Rhône au
Rhin et par l'Ill. Il s'y trouve en outre des
forêts assez étendues. Si de grandes masses de
troupes partaient de Belfort et s'avançaient par
Mulhouse vers le nord, entre le Rhin et la chaîne
des Vosges, elles ne se verraient arrêtées dans
leur mouvement en avant que par la place forte
de Neuf-Brisach, depuis qu'on a décidé de ne
point maintenir la place de Schlestadt comme
poste avancé de la forteresse centrale de Strasbourg.

Dans la partie septentrionale de l'Alsace le
terrain n'est pas très praticable, il n'est guère
possible de le dominer parce qu'il est couvert
de hauteurs, de forêts et de houblonnières très
étendues; les routes franchissent sur divers
points des cours d'eau profondément encaissés.
C'est sur la frontière qui sépare l'Alsace de la
Bavière rhénane que la configuration de terrain
et les cultures rendent particulièrement difficile le mouvement en avant de masses de
troupes tant soit peu considérables.

La plaine du Palatinat du Rhin est praticable
en tous sens; mais elle aussi offrira à la défen-

sive des sections de terrain dont elle pourra tirer parti sous plusieurs rapports. Les deux places fortes du pays, Landau et Germersheim, constitueront pour elle des points d'appui qui lui seront d'une grande utilité.

La région montagneuse des Vosges.

Les Vosges et la chaîne de la Haardt qui leur fait suite au nord forment une chaîne de montagnes longue d'un peu plus de deux cent vingt-cinq kilomètres et dont la plus grande largeur est de vingt-trois kilomètres. En général leur versant descend en pentes abruptes vers l'est tandis qu'à l'ouest la montagne insensiblement et par pentes successives devient un pays de collines. Au milieu de la chaîne, à Saverne, le lit profondément encaissé de la Zorn la coupe en deux. Cette vallée, quoique fort étroite, a été utilisée pour l'établissement du chemin de fer de Paris à Strasbourg et du canal de la Marne au Rhin.

La partie méridionale de la chaîne, les Vosges du sud, atteignent une hauteur de treize cents mètres. Elles forment un système compact de montagnes boisées, au climat assez rude, ayant

des vallées encaissées, des versants escarpés et
des sommets arrondis. Grâce au développement
considérable que l'industrie y a pris, on trouve,
dans cette région également, des habitations et
des chemins de communication en assez grand
nombre ; mais, en dehors des routes, le pays
n'est guère praticable, et ces routes elles-mêmes
décrivent souvent des courbes extraordinairement petites, elles ont des pentes considérables,
de sorte que si, pendant un certain temps, elles
devaient être sillonnées de voitures et de transports militaires, il serait indispensable de
donner tous les soins à leur entretien et à leur
réparation. Dans la partie des Vosges du sud
qui appartient à la France il y a une série de
forts d'arrêt dont le point de départ est la
place de Belfort. Nous en parlerons plus en
détail tout à l'heure.

Les Vosges du nord sont bien moins élevées
que celles du sud ; elles présentent plutôt le
caractère d'une région montagneuse formant
plateau ; à l'ouest elles se transforment insensiblement en pays de collines, la Lorraine ;
on considère d'ordinaire la Saare comme formant ici leur limite occidentale ; dans la direction de l'est elles se terminent par des pentes
abruptes dominant la vallée du Rhin et offrant

des gorges nombreuses et étroites. Ces gorges
profondes et encaissées servent de voies de
communication ; elles forment de longs défilés
dont le terrain latéral est souvent fort peu praticable.

Dans la partie la plus septentrionale de la
chaîne des Vosges communément appelée la
Haardt, on trouve de nouveau des montagnes
plus élevées, mais la montagne n'en garde pas
moins en général son caractère de plateau. La
densité de la population y est assez considérable.
Dans les vallées et jusque dans le voisinage
immédiat du massif même de la montagne, on
rencontre de nombreux villages et même de
petites villes. La moitié septentrionale de la
chaîne des Vosges est suffisamment praticable
au point de vue militaire. Au nord de Saverne,
la plus grande largeur de la montagne proprement dite ne dépasse guère quinze kilomètres,
et un nombre assez considérable de routes, qui
toutes sont en bon état, traversent celle-ci. En
dehors de ces routes mêmes, il sera facile de
trouver des chemins praticables pour l'infanterie et la cavalerie. En 1870, les places fortes
de Phalsbourg et de Bitche commandaient les
passages les plus importants.

Au nord des Vosges, entre la Haardt et le

Hundsrück s'étend un pays couvert de collines peu élevées. Il a une largeur moyenne de trente-huit kilomètres, il est praticable en tous sens et fort bien cultivé ; la population est très dense. Cette région se prête tout particulièrement à la marche en avant de l'est à l'ouest, pour de grandes masses de troupes.

Le pays a l'ouest des Vosges.

La région montagneuse, et le pays des collines qui, à l'ouest se rattachent aux Vosges, sont importants au point de vue militaire, surtout à cause des rivières qui les traversent et dont la plupart partie coulent du sud au nord.

La Moselle prend sa source dans les Vosges du sud (à trente kilomètres de Belfort, à quarante-cinq du Rhin). C'est d'abord un torrent qui coule au sud-ouest ; puis la rivière fait un angle droit et coule dans la direction du nord-ouest jusqu'à Épinal ; elle contourne Nancy en décrivant un grand arc de cercle à l'ouest, passe par Toul et revient à l'est jusqu'à Frouard ; là elle prend la direction du nord jusqu'à Metz et Thionville ; depuis cette dernière ville son cours, décrivant de nombreuses

sinuosités, prend plutôt la direction du nord-
ouest pour atteindre Coblence, après avoir baigné
Trèves.

Dans la région montagneuse déjà, la Moselle
constitue, à cause de son lit profondément encaissé, un obstacle considérable; à partir de
Frouard, où se trouve le confluent de la Meurthe,
sa profondeur devient si grande qu'on ne saurait plus la passer à gué et elle atteint une
largeur de cent cinquante mètres.

La Meurthe descend également des Vosges
du sud; elle est formée par deux ruisseaux
portant tous deux le même nom, qui prennent
leur source à environ vingt-deux kilomètres
au nord de celle de la Moselle; elle passe
à Raon-l'Étape, Lunéville et Nancy. Entre ces
deux dernières villes, le canal de la Marne au
Rhin vient augmenter encore l'obstacle que cette
rivière oppose aux mouvements d'une armée.
Par la direction dans laquelle elle coule dans
la partie inférieure de son cours on peut la considérer comme une continuation de la Moselle.

La Meuse prend sa source au plateau de
Langres. Son cours, dirigé du sud au nord, se
rapproche de très près de celui de la Moselle, à
Toul; de là elle se dirige sur Verdun, Sedan et
Mézières pour pénétrer près de Givet sur le

territoire neutre de la Belgique. Son affluent le
Mouzon forme au sud de Neufchâteau une ligne
de défense s'étendant en avant de la vallée de
la Meuse.

La Marne, l'Aube et la Seine prennent également leur source au plateau de Langres et coulent d'abord au sud-ouest. Plus tard, la Marne
se dirige droit à l'ouest vers la Seine. La vallée
qu'elle arrose est très bien cultivée et forme la
ligne d'approche la plus naturelle pour les
armées qui, venant de l'est, marchent sur Paris.

Au sud-ouest de la partie méridionale des
Vosges, les vallées de la Saône et de ses affluents
l'Ognon et le Doubs, s'ouvrant également au
sud-ouest, forment des sections de terrain qu'on
ne saurait passer sous silence.

C'est le plateau de Langres qui, avec les
Vosges méridionales, forme la ligne de séparation des eaux entre les rivières qui se dirigent
vers la mer Méditerranée et les rivières précédemment énumérées qui se jettent dans la mer
du Nord.

Toute la région à l'ouest des Vosges est plus
ou moins un pays de montagnes ou de collines ;
le plateau de Langres lui-même, avec ses
vallées nombreuses, profondément encaissées
et courant dans les directions les plus oppo-

sées n'a nullement le caractère de la plaine.

Ce plateau est très élevé, son climat par conséquent se trouve être rude, la densité et la richesse de la population sont moindres ; mais les autres parties de la région sont, à peu d'exceptions près, bien cultivées : elles nourrissent une population nombreuse; des voies de communication en grand nombre, toutes en bon état, les traversent. Le pays tout entier est praticable en toute saison (1).

Les ouvrages de défense de la frontière française.

La ligne frontière qui s'étend depuis la frontière de la Suisse jusqu'à celle de la Belgique et qui passe près de Belfort, d'Épinal, de Toul et de Verdun, a une longueur d'environ deux cent cinquante kilomètres ; les Français l'ont considérée comme leur première ligne de défense et l'ont munie d'ouvrages de fortification. Ils

1. Les 1er et 7e corps d'armée prussiens ont franchi en février 1871 la partie méridionale du plateau de Langres à marches forcées malgré la température la moins favorable, pour prendre à revers l'armée de l'Est française rétrogradant depuis Belfort.

ont fait des quatre places que nous venons de nommer autant de camps retranchés d'une grande étendue où s'élèvent un nombre considérable de forts, dont un certain nombre se trouvent situés fort en avant des places.

Le territoire qui s'étend entre la frontière suisse et Belfort, celui qui est compris entre cette dernière ville et Épinal et enfin la ligne entre Toul et Verdun sont fermés par une ligne de forts dont les pièces à longue portée battent les intervalles qui se trouvent entre chacun d'eux ; des batteries spéciales complètent l'effet des feux sur certains points où des ondulations de terrain eussent présenté un couvert contre le tir des forts ; ou bien elles ont été construites dans le but de combler les intervalles entre deux forts situés trop loin l'un de l'autre. En avant de cette ligne, un certain nombre de forts d'arrêt barrent les lignes d'approche particulièrement importantes.

L'espace qui s'étend entre la frontière suisse et la place de Belfort est large d'environ trente kilomètres. Il est fermé par le fort Lomont qui s'élève dans le voisinage immédiat de la frontière, par les forts de la Chaux et du Mont-Bart situés au sud-est et au sud-ouest de la ville de Montbéliard (ces deux forts commandent la

15.

vallée du Doubs) et enfin par une batterie intermédiaire construite dans la vallée des Glands.

La ligne qui s'étend de Belfort à Épinal mesure environ soixante-neuf kilomètres. Là on a fait des vallées de la Savoureuse et de la Moselle une ligne de défense. Depuis la guerre de 1870 la place de Belfort a été considérablement agrandie et renforcée. Les ouvrages s'étendent à plus de onze kilomètres dans la vallée de la Savoureuse jusqu'au fort de Giromagny qui est rattaché par une voie ferrée à la place centrale et jusqu'à la batterie des Planches dépendant de ce fort.

La ligne de séparation des eaux entre le Doubs et la Moselle est protégée par le fort du Ballon de Servance ; et dans la vallée de la Moselle, Belfort tend la main au fort de la Mouche, établi au sud d'Épinal, grâce aux quatre forts de Château-Lambert, de Rupt, de Parmont (dans le voisinage immédiat de Remiremont), et d'Arches, distants les uns des autres d'à peu près sept kilomètres et demi. Ce dernier fort communique avec celui de la Mouche situé au sud d'Épinal.

Épinal est bâti sur les deux rives de la Moselle ; la vallée est étroite et du haut des montagnes qui l'enserrent à droite et à gauche on peut battre la ville. Sur chaque rive s'élèvent en un cercle irrégulier les forts qui protègent

la ville. Ils barrent à la vérité les routes qui
mènent à celle-ci, mais il y a là des accidents de
terrain si nombreux, des élévations si considérables que les forts ne dominent qu'imparfaitement l'intervalle qui les sépare les uns des
autres.

Au nord et à l'est se trouvent les forts de
Dogneville, de Longchamp et de Razimont, à sept
kilomètres et demi en avant de la ville, tandis
que, dans la direction du sud, les forts de la
Mouche et de Bambois ne se trouvent éloignés
que d'un peu moins de deux kilomètres parce
que la vallée de la Moselle décrit un coude et
que le fort d'arrêt le plus rapproché est appelé
à joindre ses feux aux leurs.

A l'ouest également, les forts sont distants de
sept kilomètres et demi afin de pouvoir battre
la vallée qui s'étend en ligne droite depuis le
fort de Razimont.

Il résulte de tout cela que l'espace compris
entre ces différents forts et commandé partiellement par eux a une forme elliptique et s'étend sur
une longueur d'environ quinze kilomètres tandis que sa plus grande largeur est de dix kilomètres et demi. Épinal même n'a pas reçu d'ouvrages de fortification permanente.

L'intervalle qui sépare le fort de Dogneville

au nord d'Épinal, du fort Pont-Saint-Vincent, au
sud-est de Toul, est de plus de quarante-cinq kilomètres. Cette ligne n'est pas défendue par des
ouvrages permanents.

Toul est le point d'appui principal de la ligne
de défense la plus avancée (1), cette ville est
entourée d'une double rangée de forts. La
rangée extérieure s'étend à plus de sept kilomètres et demi en avant de la place, elle se
rattache à Neufchâteau par Pagny-la-Blanche.

A Frouard s'élève un fort distant de plus de
quinze kilomètres de la ceinture de Toul. Il est
par conséquent indépendant et a pour mission
de couvrir le point d'intersection des voies
ferrées qui s'y trouve, le canal de la Marne au
Rhin et les vallées de la Moselle et de la Meurthe
au nord de Nancy. Le fort de Saint-Vincent est
également éloigné de plus de quinze kilomètres
de Toul ; il barre la vallée de la Moselle et les
routes qui, de Nancy, mènent dans la direction
du sud-ouest.

Près de Manonviller, à sept kilomètres et
demi à l'est de Lunéville, s'élève un fort des-
'iné à protéger le point d'intersection de la ligne
de Paris à Strasbourg et des chemins de fer de

1. Les nouvelles fortifications de Toul ont coûté vingt millions de francs.

la vallée de la Meurthe, et à barrer la ligne d'approche la plus commode pour une armée s'avançant depuis les Vosges sur Lunéville et Nancy.

Au nord-ouest de la place centrale de Toul on a tiré parti du versant fort propice d'une ligne de hauteurs qui courent sur une étendue de trente kilomètres le long de la rive droite de la Meuse, pour fermer l'espace large en moyenne de sept kilomètres et demi qui sépare ces hauteurs de la rivière en y élevant les forts de Lucey, Jouy, Gironville, Liouville et du Camp-des-Romains. Il y a là cinq vallées trans-versales qui constituent de bons emplacements pour y établir des camps, et qui offrent des moyens de communication fort commodes pour les troupes soit qu'elles prennent l'offensive, soit qu'elles battent en retraite.

Le dernier de ces forts, celui du Camp-des-Romains, s'élève sur la rive droite de la Meuse; de ce fort jusqu'à ceux de Dugny et de Hau-dainville, qui de tous les forts construits autour de Verdun sont situés le plus au sud, il y a trente kilomètres. Sur cette étendue, la Meuse est défendue par trois forts, ceux de Paroches, de Troyon et de Génicourt.

La place forte de Verdun est située à cin-

quante-deux kilomètres et demi à l'ouest de
Metz. Étant donné le voisinage fort menaçant de
cette grande forteresse allemande, on considère Verdun comme tout particulièrement
exposé. Aussi a-t-on tiré profit, sur le côté faisant face à Metz, à sept kilomètres et demi de
Verdun, des pentes d'une ligne de hauteurs
s'étendant dans la direction du nord-est pour
y établir une rangée de onze forts très rappro-
chés les uns des autres (il n'y a que deux mille
mètres d'intervalle entre chacun d'eux), et cette
ligne fortifiée, on l'a rattachée aux huit forts de
la place proprement dite, situés en arrière (ce
qui fait un total de dix-neuf forts).

Ils forment, à l'est de Verdun, un camp retranché long d'environ sept kilomètres et demi
et tout aussi large. Les emplacements pour les
camps offrent toute sécurité pour la santé des
troupes, mais il n'y a pas suffisamment d'eau
pour de grandes masses. Pour établir les bivouacs de toute une armée, on mettra par conséquent à profit les parties plates de la vallée
de la Meuse à l'ouest de la place proprement
dite, car cet espace est, lui aussi, suffisamment
protégé par les six forts de la rive gauche,
distants de quatre à six mille mètres de la
place.

L'espace qui s'étend depuis Verdun jusqu'à
la frontière belge a une longueur d'environ
trente-huit kilomètres. On n'y a pas élevé d'ouvrages de fortification, car c'est par là qu'on
compte entrer sur le territoire allemand.

La deuxième ligne de défense.

L'espace couvert de fortifications qui s'étend
entre Belfort et Épinal et celui qui court de Toul
à Verdun, forment la première ligne de défense
derrière laquelle on en a établi une deuxième,
distante de l'autre de soixante-quinze kilomètres, en construisant des camps retranchés à
Besançon, à Dijon et à Langres pour l'aile droite,
à Reims et à Laon pour l'aile gauche. La place
forte de Vitry-le-François, place ancien modèle,
est située au centre : elle sert de fort d'arrêt pour
quelques lignes ferrées et un certain nombre
de routes, et, comme telle, elle n'est pas sans
avoir quelque importance.

Aile droite.

La place forte de Besançon comprend la ville
elle-même qui, entourée de fortifications, est

située dans une presqu'île formée par le Doubs,
et seize forts détachés. La ville a, dans la
direction du nord-ouest, une tête de pont sur la
rive opposée ; au sud, une citadelle défend
l'entrée de la presqu'île. Les forts détachés
forment autour de la ville un cercle irrégulier,
ils sont établis sur un terrain extraordinairement raviné ; la distance qui les sépare de la
place est très variable. Au nord, quelques-uns
des forts en sont éloignés de près de sept kilomètres et demi ; entre ces ouvrages s'étend un
espace dont la longueur et la largeur sont d'environ un mille allemand et qui peut servir de
camp retranché.

La forteresse de Langres est située tout près
des sources de la Marne. Elle comprend la ville
elle-même, une première et une seconde ligne
de forts. La ville est entourée de fortifications ;
elle est située sur un plateau montagneux et
étroit et on s'en est servi comme d'un ouvrage
central.

Cette enceinte centrale est entourée d'une première ligne de forts, dont quelques-uns sont
de construction ancienne déjà, la distance qui
les sépare de la place varie, selon la configuration du terrain, entre deux mille cinq cents et
cinq mille mètres ; ils commandent le plateau

non accidenté qui, de l'ouest, s'avance jusque tout près de la place sur une largeur de onze kilomètres.

La seconde ligne de forts, à l'est de la place proprement dite, enferme un demi-cercle de quinze kilomètres de long sur sept kilomètres et demi de large. A l'intérieur de ce demi-cercle sont situés dix-sept villages; une masse de troupes relativement considérable trouverait par conséquent à s'y abriter contre les intempéries du climat fort rude sur ce plateau, même sans qu'on ait besoin d'établir de baraquements.

Dijon se trouve, à proprement parler, en dehors de la ligne de défense. La ville, qui est à soixante-huit kilomètres de Besançon et à soixante-deux de Langres, était la capitale de la Bourgogne et, comme telle, on l'avait entourée d'une enceinte fortifiée qui, depuis, a été transformée en promenades publiques. En 1870, Garibaldi, qui avait fait de Dijon le point d'appui principal de l'armée des Vosges, l'avait entouré d'ouvrages provisoires ; tout dernièrement, la ville a reçu des fortifications permanentes. Elle a été entourée d'une ligne de forts avancés ; au sud-ouest, ils sont à peine distants de trois kilomètres de la ville, tandis qu'au nord-est, cette distance s'élève à huit kilomètres. C'est l'espace qui est compris entre les forts du nord-est et la place qui est surtout destiné à servir de camp retranché.

Entre Besançon et Dijon se trouve la place forte d'Auxonne ; elle protège la vallée de la Saône, les chemins de fer et les grandes routes qui s'y croisent.

Aile gauche.

Reims est une ville fort importante, tant par le chiffre de sa population et l'activité de son industrie que comme point d'intersection d'un grand nombre de voies ferrées et de routes. Elle est fortifiée d'une manière normale par une ligne de treize forts détachés, et elle offre un abri assuré pour une masse de troupes considérable.

En arrière de la ligne de communication entre Reims et Laon, longue d'environ trente-quit kilomètres, est située la ville de Soissons. C'est un point d'intersection de routes et de lignes ferrées. Elles sont barrées par le fort Condé, situé en avant de la ville, à l'est.

Les deux places fortes de Laon et de la Fère,

distantes l'une de l'autre de près de dix-neuf
kilomètres, sont situées sur le versant nord-
est du plateau calcaire très raviné, dont le
versant ouest s'abaisse insensiblement dans la
direction de Paris. Au nord-est des deux forteresses s'étend la vaste plaine bien connue dans
l'histoire militaire.

Laon s'élève sur une montagne isolée en
forme de cône qui domine au loin le terrain
s'étendant en avant d'elle; avec les deux batteries d'enfilade de l'ancienne place, distantes
l'une de l'autre de deux mille mètres, les forts
nouveaux construits autour de la ville forment
autour de celle-ci un camp retranché ayant un
front d'une étendue de près de onze kilomètres.

La Fère est située dans la vallée de l'Oise, par
conséquent assez bas. La place est entourée
d'une ligne irrégulière de forts qui, dans la
direction du nord, se trouvent dans la plaine;
tandis que, dans celle de l'est, ils dominent le
terrain coupé de collines s'étendant vers Laon.
Le plus occidental de ces forts, celui de Jussy
est éloigné de la place centrale de plus de huit
kilomètres. Il y a donc, depuis Jussy jusqu'au
fort Montberault situé au sud-est de Laon, une
ligne longue de trente-huit kilomètres couverte
d'ouvrages de fortification permanente et le

centre de cette ligne pourra être renforcé par des ouvrages provisoires.

A sept kilomètres et demi de la frontière belge, s'élève le fort indépendant de Hirson; il commande un point d'intersection de voies ferrées.

A trente kilomètres de Hirson, à l'est, dans le voisinage immédiat de la frontière belge, est située la ville de Rocroy. On la considère comme étant destinée à servir de point d'appui aux principales opérations des corps francs de la frontière du nord, opérations que favoriseront la configuration du terrain qu'il est impossible de dominer et la proximité de la frontière. La place de Givet, située à trente kilomètres de Rocroy, au nord-est, sur la Meuse, sur une bande du territoire français s'avançant en Belgique, a la même destination.

La troisième ligne de défense.

Les Français considèrent leurs trois grands centres de population, Lyon, Paris et Lille, comme une troisième ligne de défense contre l'invasion allemande.

Lyon, la capitale du sud-est de la France, est baignée par deux cours d'eau, la Saône et le

Rhône, tous deux charriant de grandes masses d'eau et se réunissant en aval de la ville. On a tiré parti de cette situation pour faire de Lyon un camp retranché d'une étendue considérable, en construisant tout autour un grand nombre de forts. Cependant cette grande place d'armes est située si loin du théâtre probable des opérations que forcément son importance ne paraît pas devoir être bien grande.

En 1870 déjà Paris était la plus grande forteresse du monde; il a été agrandi encore d'une manière absolument exorbitante. On a construit une ceinture de forts nombreux et situés à grande distance (les frais se sont élevés à cinquante-huit millions). Si l'on voulait décrire dans tous ses détails cette forteresse-monstre, hautement intéressante, il faudrait lui consacrer une brochure à elle seule. Je me contenterai donc de fournir les indications essentielles.

La population de la ville et de ses faubourgs, se monte actuellement à environ deux millions et demi. La ville est située dans la vallée de la Seine, à l'endroit où celle-ci, en s'élargissant, forme une vaste plaine, tout près du confluent de la Marne et en amont de celui de l'Oise à environ cent cinquante kilomètres de la Manche. Sur les deux rives, les plateaux et les collines délimitent la vallée plate s'élevant d'environ trente mètres au-dessus du niveau de la mer ; une petite ligne de hauteurs (Montmartre, Buttes-Chaumont, Belleville) s'étend dans l'intérieur même de la ville.

La Seine est large de cent cinquante mètres et profonde de trois ; son cours forme une double boucle dont le point de départ se trouve dans la ville même, de sorte que, en avant de la partie nord-ouest de l'enceinte, il y a une triple barrière fluviale.

Au sud-est de la ville, la Marne, profonde de plus de deux mètres et large de soixante-quinze, forme la presqu'île de Saint-Maur bien connue de tous grâce à la bataille de Champigny.

La ville avait été entourée d'une enceinte sous Louis XIV. Sous Louis-Philippe, de 1840 à 1845, cette enceinte fut reportée plus loin. C'est une place fortifiée énorme qui, dans son corps de place irrégulièrement bastionné, compte sur un front dont l'étendue atteint tout près de trente-huit kilomètres, quatre-vingt-quinze bastions et saillants. L'enceinte principale a été entourée de seize forts détachés assez considérables, et d'un grand nombre d'ouvrages intermédiaires moins importants. Vu la portée qu'avaient les pièces à ce moment-là, la dis-

tance qui sépare les forts de la ville, varie entre
quinze-cents et cinq mille mètres, selon la configuration du terrain.

En 1871, la portée des pièces rayées était de
plus de sept mille cinq cents mètres ; la distance
qui séparait les forts de la ville n'était donc plus
suffisante et ils ne purent la garantir du bombardement. Aussi a-t-on établi une nouvelle ligne de
défense à une telle distance qu'aucun des projectiles actuellement connus ne saurait atteindre la
ville par-dessus la ceinture des forts. Mais, en élevant de nouvelles fortifications, on poursuivait
un autre but encore, un but de la plus haute importance au point de vue de la stratégie, celui
d'empêcher l'ennemi d'investir la forteresse
gigantesque.

Pour atteindre le double but que nous venons
d'indiquer, on a, en tenant compte de la configuration du sol et de la nécessité de ménager
les terres cultivées, établi la ligne des forts
extérieurs dont nous allons donner une rapide
esquisse.

La Seine, avons-nous dit, forme au nord-
ouest de Paris une double boucle. On en a tiré
parti en ce sens que le coude extérieur de la
rivière (distant de plus de onze kilomètres de
l'enceinte) se trouve en quelque sorte compris

dans la ligne des forts sur une longueur de onze mille mètres.

Les forts de Cormeil au nord, de Marly au sud, dominent au loin le terrain plat des presqu'îles de la Seine ; la position très forte du Mont-Valérien complète cette ligne de défense. Au sud-ouest de Paris, la ville de Versailles est entourée de forts dont la ligne par conséquent se trouve portée à plus de quinze kilomètres en avant de l'enceinte de Paris

Au nord-est, il y a, à la même distance, un groupe de trois forts établis sur le rebord extérieur du plateau de Montfermeil, ce qui donne à la forteresse gigantesque un diamètre de quarante et un kilomètres. Perpendiculairement à cette ligne qui court du sud-ouest au nord-est, la distance du fort de Villeneuve en amont de Paris à celui de Cormeil en aval, situés tous deux dans le voisinage immédiat de la rive droite du fleuve. se monte à trente-quatre kilomètres. Mesurez tous les autres diamètres et vous obtiendrez pour tous des résultats à peu près semblables.

Si une armée voulait investir Paris, la ligne de ses avant-postes, établis à trois kilomètres huit cents mèters des forts aurait une étendue de cent trente-cinq kilomètres. Disons en passant

qu'en 1870 on avait poussé les précautions trop
loin en établissant la ligne des avant-postes sur
la plupart des points à une distance bien plus
grande des forts. (Cette ligne avait alors une
étendue de quatre-vingt-deux kilomètres et
demi.)

Dans le nord-ouest de la France, tout près de
la frontière se trouve un groupe très dense de
places fortes. En 1870 l'armée française du nord
en tira un fort bon parti et sut s'y abriter. Depuis
lors on a singulièrement renforcé ce groupe en
complétant les fortifications de Lille et de
Maubeuge.

Lille, cette cité si importante, a été transformée, grâce à la ceinture de forts dont on
l'entoura, en un camp fortifié ayant un diamètre
de dix-neuf kilomètres. Elle est le centre de
quatorze places fortes d'inégale valeur. La
ligne extérieure de ces places s'étend sur une
longueur de cent quatre-vingt-sept kilomètres
et demi de la frontière belge jusqu'à la mer ;
elle est marquée par le front long de vingt-
deux kilomètres de Maubeuge à Landrecies,
par celui de Landrecies-Cambrai à Arras
(soixante-sept-kilomètres et demi) et par celui
d'Arras-Aire et de Saint-Omer-Calais (quatre-
vingt-dix-sept kilomètres et demi).

Les forteresses de Maubeuge et d'Arras ont pour mission spéciale de protéger le cours de la Sambre, tandis que Cambrai, Bouchain, Valenciennes et Condé gardent l'Escaut. Le Quesnoy a une certaine importance comme fort d'arrêt couvrant les points d'intersection de routes et de voies ferrées situées entre ces deux cours d'eau. En arrière de Cambrai et d'Arras, la place forte de Douai couvre la section de terrain de la Scarpe, elle protège les magasins qui y sont établis, et barre un point d'intersection fort important de routes et de chemins de fer.

Les places fortes de Dunkerque et de Calais font partie de la défense des côtes françaises. Calais est en outre très important pour la guerre sur terre.

La forteresse de Maubeuge a depuis 1871 une ceinture de neuf forts. Pris dans leur ensemble, ils sont établis d'une manière normale dans un terrain de plaine ; cependant les forts couvrant la partie nord-ouest de ce terrain ont été placés plus près de la frontière belge, de manière à barrer le passage dans cette section absolument découverte et pouvant être embrassée d'un coup d'œil. Le camp fortifié de Maubeuge forme au sud-est le point extrême du groupe fortifié de Lille ; il est situé dans un évasement du terri-

toire français, ce qui en fait pour un corps
considérable une très bonne position sur les
flancs d'une armée ennemie.

La nature des fortifications.

Depuis des siècles, les Français sont passés
maîtres dans l'art de construire des forteresses ;
l'étranger s'est bien souvent inspiré des travaux
de leurs ingénieurs. Dans le présent siècle,
ils ont, en entourant de fortifications leur
énorme capitale, montré un esprit de sacrifice
tel qu'aucune autre nation ne saurait rivaliser
avec eux.

Mais parce qu'ils avaient une confiance outrée
dans leur armée de campagne, parce qu'on
voulait faire des économies et aussi sans nul
doute parce que, par tradition, on s'en tenait trop
aux créations des anciens maîtres, les ingénieurs français n'ont pas sû tenir compte de
l'efficacité si considérablement augmentée des
pièces rayées. C'est pourquoi, dans la guerre
de 1870, leurs places fortes ne purent pas nous
opposer une résistance suffisante.

Ce fut une dure leçon ; on la prit à cœur et,
animés d'un zèle ardent, les ingénieurs fran-

çais auxquels la nation tout entière, mue par un grand esprit de sacrifice, accordait des moyens plus que suffisants, les ingénieurs français, dis-je, ont créé des ouvrages qui méritent d'attirer toute notre attention, non seulement par leur nombre, mais encore par leur solidité. Je vais essayer de résumer en peu de lignes ce qu'il importe d'en savoir.

La méthode de fortification moderne est, pour ce qui constitue son caractère essentiel, déterminée par le fait qu'il faut d'une part pouvoir donner au tir de la place, tant pour l'artillerie que pour l'infanterie, le plus de jeu et de déploiement possible, et que d'autre part il faut tenir compte de la force destructive des projectiles ennemis. Il y a de plus un point de vue secondaire qu'elle ne doit pas oublier c'est qu'il importe de mettre la place à même de résister à l'assaut en interposant entre la garnison et l'assaillant une barrière quelconque, en maçonnerie, en treillis ou enfin une barrière fluviale.

La portée des pièces rayées est de plus huit kilomètres. Dès lors il a fallu placer la ligne de défense à peu près à cette distance là en avant des objets qu'elle est destinée à protéger (soit en avant d'une ville ou d'établissements militaires, ou de campements, etc.). Par suite, cette ligne de défense acquiert une telle étendue qu'on est bien obligé de renoncer à en faire une ligne continue de remparts et de fossés.

Mais l'efficacité énorme des armes à longue portée actuelles permet de remédier à cet inconvénient, car, grâce à elles, il est possible de dominer les intervalles non munis de défenses, depuis certains points particulièrement bien fortifiés et armés (appelés forts) et d'empêcher l'ennemi d'y passer.

Plus ces ouvrages seront forts, mieux ils seront armés et plus leur garnison sera nombreuse, plus aussi les intervalles entre eux pourront être grands, du moment qu'il est facile d'embrasser d'un seul coup d'œil tout le terrain ; la distance qui les sépare variera entre deux mille et huit mille mètres.

Jadis, on croyait qu'il était indispensable qu'au milieu de cette ceinture de forts, il y eût une place centrale ; mais depuis qu'à Plewna les Turcs ont prouvé que des troupes valeureuses, avec les armes à feu actuelles, peuvent fournir une longue résistance, même derrière les ouvrages en terre les plus insuffisants, on estime qu'il est superflu d'établir un ouvrage central très bien fortifié ; tel ingénieur déclare qu'il

suffit de lui donner de légers profils et de l'abriter
à peine contre l'assaut ; tel autre trouve que
même ceci n'est pas indispensable et il ne
demande que l'établissement de quelques points
d'appui en arrière des intervalles qui sépa-
rent les forts les uns des autres.

Épinal offre l'exemple d'un de ces camps
retranchés purs et simples. La ville n'a pas
d'enceinte fortifiée. Cependant il est à supposer
qu'en temps de guerre on élèverait des ouvrages
provisoires. En peu de jours cela pourrait être
achevé, car, sans nul doute, tout a été préparé
à cet effet.

L'infanterie exige énormément de l'ingénieur
qui élève des fortifications nouvelles : elle lui
demande des casernemeuts de guerre absolument à l'abri des projectiles ennemis, des
chemins, etc., pour le service de sûreté, des
banquettes dont elle puisse se servir pour
ouvrir des feux.

L'artillerie moderne lui demande bien davantage encore. Elle exige qu'il abrite absolument
contre le feu ennemi, non seulement les servants
au repos, mais encore ses munitions qu'un
projectile pourrait faire éclater et ses pièces qui
ne sont pas au feu ; il faut que ses magasins prin-
cipaux soient établis à une profondeur telle que

nul projectile ne les saurait atteindre, et que
rien ne vienne sérieusement entraver les communications entre eux et les batteries ; quant
aux emplacements, il faut qu'il y en ait un grand
nombre, qu'ils soient spacieux, qu'ils soient
bien couverts et que depuis eux on domine un
champ de tir très étendu, qu'ils aient des fonda-
tions solides et des épaulements dans la construction desquels il n'entre pas de pierre du tout, etc.

L'artillerie poursuivant en outre des buts
différant fort les uns des autres, il lui faudra
pour ses diverses pièces des emplacements con-
venables. Elle a des pièces légères, au tir
rapide ; celles-ci dominent le terrain s'étendant
en avant de la place et ouvrent le feu même sur
des officiers isolés qui font une reconnaissance ;
elle a de grosses pièces toutes prêtes à engager
la lutte avec les batteries de siège, à faire brèche
dans leurs épaulements et à détruire les engins
qu'ils abritent. Et entre les plus légères et les
plus grosses de ces pièces il existe pour le
moins un calibre intermédiaire.

Les ingénieurs français ont su, très habilement,
tenir compte des exigences des deux armes que
nous venons d'énumérer. Ils ont vaincu les difficultés spéciales qui se sont produites lors de la
construction de chacun de ces ouvrages.

L'emplacement des forts a été choisi avec beaucoup d'intelligence, sans qu'on perdît de vue un seul instant le but qu'on se proposait d'atteindre. On a eu soin également de les relier les uns aux autres par des chemins de fer et des routes; l'intervalle qui les sépare les uns des autres est découvert. Les forts sont si nombreux que forcément on retrouve dans beaucoup d'entre eux le même type ou des types à peu près semblables, mais partout ou leur a fait subir les modifications qu'imposait la configuration du terrain. La fortification bastionnée, qu'on avait trop longtemps conservée en France, fut abandonnée et dut faire place au système polygonal employé depuis de longues années dans les autres pays.

C'est du haut du corps de place que les forts dominent le terrain s'étendant en avant d'eux; lorsqu'il existe des plis de terrain qu'on ne peut pas commander depuis là, ils sont battus par des batteries spéciales établies quelquefois à une grande distance du fort. Sur les côtés de la plupart des forts et à portée efficace des feux de l'infanterie, se trouvent les emplacements d'artillerie (batteries annexes) dont on fait un si grand usage actuellement; elles sont toutes prêtes à recevoir un nombre considérable de pièces de combat.

Pour les emplacements des corps de place
on a tiré parti de toutes les ressources qu'offrent les arts techniques modernes. Partout où
les épaulements, les paraflancs et les parados
entiers ne semblaient pas suffisants pour que
l'ennemi ne pût pas contraindre le fort à cesser
son feu pendant un certain temps, on a établi
aux saillants qui s'y prêtaient le mieux des tours
à coupole mobile cuirassées pouvant recevoir une
ou deux pièces de fort calibre ; dans certains
forts on a construit des batteries cuirassées, destinées à servir de positions de combat abritées à
un nombre considérable de pièces.

Le nombre et l'étendue des abris solides situés sur le rempart et au-dessous, ont été cal-
culés d'après l'effectif de la garnison et la
quantité plus ou moins grande du matériel qu'il
s'agissait d'y loger. Les communications à l'intérieur des forts et tout particulièrement les
chemins qui y mènent du dehors sont bien couverts.

Les forts ont des fossés secs, larges d'un peu
plus de dix mètres et presque aussi profonds ;
ils sont capables de résister à un assaut, grâce
à des caponnières spécialement armées à cet
effet de deux mitrailleuses ou canons à balles
pour chaque ligne. Ces caponnières sont reliées

presque partout aux galeries flanquantes de la contrescarpe.

Les revêtements d'escarpe ont été enfoncés ; on les a abrités le mieux qu'on a pu à l'aide de l'épaulement du chemin couvert, fort peu large, contre le danger d'être battus en brèche par les pièces ennemies ouvrant le feu à grande distance.

En vue du service de sûreté extérieur, le chemin couvert a reçu des traverses voûtées pour servir d'abri aux patrouilles et de petites places d'armes.

L'effectif de la garnison d'infanterie dans chacun des forts est variable : les plus petits reçoivent deux compagnies sur pied de guerre, les plus considérables quatre ; l'effectif des troupes d'artillerie de forteresse dépend du nombre et du calibre des pièces. En général, les Français on un faible pour les très gros calibres de vingt et un centimètres, de quinze centimètres et demi, de douze centimètres ; cela provient sans doute de ce qu'ils ont dû donner un grand développement à leur artillerie de marine et de côte pour laquelle on a construit des canons monstres.

Il est incontestable que, prises dans leur ensemble, les fortifications françaises rendront de grands services et fourniront une résistance efficace, quoique, en bien des endroits, il se soit produit des lézardes fort graves par suite de la trop grande hâte avec laquelle les ouvrages ont été construits, des pans de mur entiers se sont même écroulés.

Il est vrai que, vis-à-vis des moyens dont l'attaque dispose actuellement, les forts isolés devront être extraordinairement solides.

Les chemins de fer stratégiques.

Les chemins de fer sont à même de transporter à de très grandes distances et avec une vitesse fort considérable les charges les plus lourdes. Ce fait a modifié sous bien des rapports l'art de la guerre, et cela à un tel point, qu'actuellement on ne peut se rendre que très imparfaitement compte des conséquences qu'auront ces modifications à l'avenir.

Le grand état-major allemand a l'habitude de procéder avec une méthode très sûre. Aussi, vis-à-vis de ce nouvel élément de la conduite de la guerre il agit avec une certaine circonspection ; je serais presque tenté de dire que, vis-à-vis des chemins de fer, il se montre méfiant. En Alle-

magne, on a l'habitude de se montrer parcimo-
nieux, même dans les questions où l'existence
de la nation est en jeu. Aussi, ne dépense-t-on pas
tout l'argent qu'il faudrait pour obtenir que les
chemins de fer, ce facteur si important des succès
guerriers, rendent les services énormes que cette
parcimonie serait en droit d'attendre d'eux.

Les Français, si vifs, si amateurs de nouveau-
tés, si intelligents, ont développé non seulement
sur leur propre territoire, les moyens de communication, en rapport avec les grandes richesses
du pays ; même dans des contrées lointaines, ils
ont créé des œuvres gigantesques, dont sont ap-
pelées à profiter toutes les nations civilisées. Dans
ce champ d'action, nul ne saurait contester ce fait
et je me plais à le reconnaître, ils marchent incontestablement à la tête de la civilisation.

Je ne compte pas, à la vérité, toutes les lignes
stratégiques, étant donné leur but, au nombre des
œuvres civilisatrices ; je ne m'en vois pas moins
obligé de déclarer que les Français ont non seulement étudié avec le plus grand zèle le domaine
nouveau qui s'ouvrait à l'art de la guerre, mais
encore qu'ils en ont tiré un parti pratique fort
étendu, et cela d'une manière très intelligente.

En Allemagne, on a fait quelques modestes
tentatives, afin d'apporter à notre réseau de voies

ferrées des modifications et des corrections en
vue des transports militaires sur certains points
absolument dénués de communications (1), tandis que nous trouvons en France un réseau
grandiose de chemins de fer, presque exclusivement stratégiques. Je n'en pourrai donner,
faute de place, qu'un aperçu général.

Les lignes stratégiques, construites en France
depuis 1871, peuvent se diviser en deux classes.
La première comprend les lignes qui relient
les garnisons des troupes, les dépôts et les établissements militaires d'une certaine importance
aux points de concentration respectifs situés
en arrière de la frontière allemande ou latérale-
ment à celle-ci. La seconde comprend les lignes
grâce auxquelles on effectuera et ce, au cours
même de la guerre, les déplacements plutôt latéraux de masses considérables.

Pour faciliter l'intelligence de ce que je vais
exposer, il me paraît nécessaire de dire, dès
maintenant, quelques mots du plan de campagne des Français. Il va de soi que les plans
de l'état-mjor français sont tenus secrets; mais
le monde entier peut en connaître les lignes

____

1. Nous indiquerons plus tard les lignes qui côtoient
la mer du Nord et la mer Baltique.

principales : elles sont gravées à grands traits
dans le fer et dans le roc.

En 1870, l'empereur Napoléon III voulait pénétrer par surprise dans l'Allemagne du Sud et
contraindre les différents États de cette région
à se déclarer neutres, ou à se joindre à lui pour
se tourner vers l'Allemagne du Nord. Mais son
armée n'était pas prête, il se produisit des ti-
raillements et, par suite, il se produisit un
tel retard dans l'exécution de ce projet, que
l'ennemi pénétra sur le territoire français et
contraignit l'empereur à n'en pas sortir.

Le généralissime de l'armée française, dans
la prochaine guerre, devra également envahir
l'Allemagne du Sud, car cette opération forme
la base de toutes les entreprises des Français,
qu'elles aient pour but la guerre ou la paix. Mais
auparavant, il lui faudra préluder à cette invasion, en entrant triomphalement en Alsace et
en Lorraine.

Or, l'armée allemande, comme chacun sait,
constituera un obstacle dont il faudra bien tenir compte; en outre, la flotte française, bien
plus puissante et plus nombreuse que celle de
l'Allemagne, entravera le commerce allemand,
et, dès lors, l'armée de l'Empire devra prendre
l'offensive et entrer en France. Là, on la pren-

dra tout entière, dans quelques nasses ingé-
nieusement disposées.

Les armées allemandes pénétrant, remplies
de la plus entière confiance, en France, n'auront, grâce aux fractions fortifiées de la première
ligne de défense (de Belfort à Épinal et de Toul
à Verdun), que deux seules routes à leur disposition : celle de la Moselle supérieure entre
Épinal et Toul qui conduit à Neufchâteau, le premier grand quartier général du généralissime
français, et la route qui, passant entre la ligne
de Laon à la Fère, d'une part, et la frontière
belge de l'autre, mène dans les environs de
Sedan et à Sedan même.

Sur ces deux routes, on tient prêtes pour les
pauvres Allemands des surprises désagréables.
Elles leur viendront, soit directement de la position de front de l'armée française principale,
c'est-à-dire des forts les plus récemment construits (que les espions allemands n'auront pas
pu étudier), soit des flancs de la seconde ligne
de défense (Langres, Dijon, Besançon, Reims,
Laon, la Fère), soit encore des camps retranchés de la première ligne de défense (Toul, Épinal, etc.), qu'ils auront commis l'imprudence
de laisser sur leurs derrières sans s'en préoccuper davantage.

Si, malgré tout, les Allemands réussissent à repousser ces attaques de flanc bien combinées et à suivre, jusque sur la Seine, l'armée principale rétrogadant avec circonspection, après avoir dû renoncer à défendre la section de la Meuse, alors on dirigera contre les derrières de l'armée allemande, depuis les ailes de la troisième ligne de défense (Lyon, Lille, etc.), de grandes expéditions exécutées à l'instar de la marche rapide en avant du général Bourbaki, et les fractions principales de cette armée ne sauraient plus longtemps se soustraire à la nécessité de capituler, vu qu'elles seront entourées de toute part de forts et de corps français.

Après cela on exécutera le plan de campagne en ce qui concerne l'Allemagne; l'armée française fera son entrée solennelle dans Strasbourg et les généraux français iront conquérir le bâton de maréchal sur la rive droite du Rhin.

» Ce que je dis là respire le dédain. Ces paroles d'amère ironie en tout cas ne sont pas à l'adresse des officiers français, valeureux et instruits, qui, accomplissant leur devoir, ont fait tout ce qui était humainement possible pour repousser une invasion allemande; elles s'adressent aux braillards, aux gens qui crient « La revanche, la revanche! » et qui sans repos ni trêve excitent les deux peuples à se jeter l'un sur l'autre, ceux-là, au cours même de la guerre, continueront à pousser leur cri — fort loin, il est vrai, du champ de bataille.

Lignes stratégiques servant à la concentration de l'armée sur la frontière.

Les lignes de chemins de fer qui sont destinées à transporter les troupes françaises et leur matériel de guerre si multiple jusque dans les positions que le plan de campagne général leur assigne sur la frontière allemande, qui sont destinées en outre à assurer le service des subsistances et à amener les renforts, ces lignes, dis-je, ont leur point de départ dans les garnisons importantes des corps de troupe ; tous les dépôts, quelque peu considérables (arsenaux, magasins de vivres, etc.), sont reliés par des voies de raccordement à la ligne dont ils relèvent.

Les voies ferrées ont leur point terminus au lieu même où les corps de troupe respectifs se formeront ; selon les besoins elles ont des embranchements en avant et en arrière de ce point. Aucune de ces lignes n'a un parcours commun avec une ou plusieurs autres. Il est entendu que les troupes seront transportées par les trains réguliers, mais les heures de départ pourront être modifiées sans qu'il puisse en résulter aucun préjudice.

Dans l'intérieur de la France, il est plus diffi- cile de distinguer les lignes stratégiques des autres ; elles ne font qu'un avec les voies ferrées ordinaires les plus importantes, et si l'on com- pare la carte des chemins de fer français de 1870 avec celle de 1886, on trouvera qu'aucune grande ligne n'a été nouvellement construite qui puisse, dans ce pays si grand et si riche être considérée comme absolument superflue. On a donné satisfaction en même temps aux exigences militaires et à celles de la population.

Mais plus on se rapproche de la frontière allemande, plus aussi le caractère militaire et stratégique des voies ferrées ressort nettement, et cela à un point tel qu'on n'a pas besoin d'être du métier pour s'en apercevoir. Les lignes étant construites, il est tout naturel qu'on les exploite pour le service des voyageurs et des marchan- dises.

Les stations-têtes de ligne de concentra- tion des troupes sur la frontière allemande sont les suivantes :

STATIONS-TÊTE	DISTANCE EN KILOMÈTRES JUSQU'A			OBSERVATIONS
	la station précédente.	la frontière allemande.	la première ligne de défense.	
Montbéliard (à proximité de la frontière suisse) .	»	18.500	»	
Belfort................	15.	11.250	»	
Giromagny (ville et fort)	11.250	11.250	»	
Bussang	15. »	3.750	5.625	
Cornimont...........	9.375	7.500	9.375	
Geradmer	13.125	9.175	22.500	
Fraize...............	15. »	5.625	37.500	
De Fraize, une ligne transversale passe par :				
Saint-Dié.........	11.250	15. »	37.500	
Raon-l'Étape......	15. »	15. »	37.500	
Badonviller..........	11.250	15. »	37.500	
Marainville (chemin de fer de Paris à Strasbourg)	22.500	15. »	26.250	protégée par un fort d'arrêt.

A partir de cette dernière localité, les stations-tête pour la concentration se trouvent sur l'ancienne ligne de Nancy à Metz, dans la vallée de la Meurthe et de la Moselle, lignes se rapprochant toujours davantage de la frontière, jusqu'à Pagny, qui en est à peine éloigné de trois kilomètres sept cents mètres. A partir de là, elles se trouvent sur la nouvelle ligne de Pagny à Longuyon par Conflans, qui passe entre Metz et Verdun.

En arrière de la ligne de front destinée aux avant-gardes, il importe de mentionner encore les stations-tête de Talmont et de Plombières (entre Belfort et Épinal, à 7 kilomètres cinq cents mètres en arrière de la ligne des forts), en outre, celles de Rambervillers et de Moyen (situées entre Épinal et Lunéville).

Dans le chapitre suivant nous aurons à mentionner encore d'autres lignes stratégiques de concentration.

Les lignes ferrées servant aux opérations.

Les voies ferrées destinées à assurer les communications entre les quartiers généraux des armées et à servir aux mouvements latéraux des troupes qu'il sera nécessaire d'exécuter au cours des opérations, ces voies, disons-nous, relient surtout entre eux les centres des trois lignes de défense; cependant, il a été établi, en dehors des camps retranchés, en arrière du milieu de la première ligne de défense, un centre spécial de voies ferrées qui est sans doute

destiné à servir de premier grand quartier général pour le généralissime de l'armée française.
C'est la petite ville de Neufchâteau, située dans
la vallée de la Meuse ; elle compte à peine cinq
mille habitants. En 1870, il n'y avait là qu'un
seul chemin de fer se rattachant à la grande
ligne de l'Est à Chaumont ; à l'heure qu'il est
cinq voies ferrées aboutissent à Neufchâteau.

Je vais, en partant de l'aile droite de la ligne
fortifiée couvrant la frontière française, énumérer les communications par chemins de fer qui
me semblent mériter qu'on s'y arrête.

Première ligne de défense

1° *Ligne munie d'ouvrages de fortification de
Belfort à Épinal.*

Jadis les camps fortifiés de Belfort et d'Épinal étaient mis en communication par la ligne
qui passe à Vesoul. Actuellement on a réduit
de moitié la distance qui les séparait en établissant une nouvelle voie par Lure. La ligne qui
dans la vallée de la Moselle relie les forts d'arrêt
les uns aux autres a été prolongée jusqu'à
Bussang, au cœur même de la montagne (la
station-tête de Bussang a été mentionnée plus

17.

haut). Si la crête de la chaîne des Vosges n'y faisait obstacle, on aurait raccordé cette ligne à celle de Belfort à Giromagny, qui remonte la vallée de la Savoureuse.

2° Ligne non fortifiée d'Épinal à Toul, couverte uniquement par le cours de la Moselle.

C'est dans le quadrilatère formé par Épinal, Langres, Chaumont et Toul qu'a été établi le réseau ci-dessus mentionné qui permet de concentrer des masses de troupes considérables dans les sections de terrain de la Meuse et du Mouzon et de les embarquer pour les expédier en tous sens.

Les communications entre Épinal et Toul se faisaient par l'ancienne ligne (passant par Nancy et Frouard); comme elle n'offrait pas toute la sécurité voulue, on a établi une nouvelle voie ferrée d'Épinal à Toul par Mirecourt et Colombey. Mirecourt se rattache en arrière à Langres, en avant à Nancy; quant à Neufchâteau, on a établi de nouvelles lignes entre cette ville et Épinal d'une part, Toul de l'autre; de plus on l'a rattachée à l'aile droite de la seconde ligne de défense (Langres, Dijon, Besançon). En outre,

une ligne importante mène de Neufchâteau, par
Ligny et Bar-le-Duc, sur les derrières de la ligne
fortifiée qui s'étend de Toul à Verdun.

3° *Ligne fortifiée de Toul à Verdun.*

Les camps fortifiés de Toul et de Verdun
ainsi que les forts d'arrêt situés entre ces deux
villes sont reliés les uns aux autres par un chemin de fer qui, longeant la Meuse, a été pro-
longé jusqu'à la frontière belge. Cette voie se
rattache par deux lignes spéciales se raccordant
toutes deux à Ligny, à la ligne parallèle qui se
trouve en arrière d'elle. A l'ouest de la ligne
fortifiée de Toul à Verdun quatre voies de concentration aboutissent à cette ligne stratégique
nouvellement construite.

Deuxième ligne de défense.

Aile droite.

L'énorme camp retranché de Langres a été
relié à ses deux forteresses auxiliaires, c'est-à-
dire à Besançon et à Dijon, par des lignes
directes; une troisième ligne nouvellement
établie mène dans la direction ouest-sud-ouest
vers l'intérieur de la France.

Dijon, outre qu'on l'a mis en communication avec Langres, a reçu une ligne directe menant à la place centrale de Paris et une autre menant à celle de Lyon.

Aile gauche.

Avant la guerre déjà, il existait de nombreuses communications avec Reims (cinq lignes). Elles ont été complétées par une ligne qui, passant à Épernay, rattache la place de Reims à l'intérieur de la France. En arrière de la position retranchée de Laon — la Fère, on a établi une ligne transversale avec un embranchement se dirigeant vers le centre du front fortifié.

Troisième ligne de défense.

Lyon, cette ville si importante, avait, avant la guerre déjà, nécessité l'établissement de nombreuses communications par chemins de fer. Elles satisfont à toutes les exigences militaires.

La position de Paris est très étendue à cette heure. A l'intérieur de cette position de même qu'extérieurement, au sud et au nord, on a construit un nombre considérable de petites voies

ferrées. Il me paraît superflu de les énumérer
en détail. Je me contenterai d'indiquer le but
qu'on se proposait d'atteindre en les établissant :

1° Ces lignes doivent servir à déplacer latéra-
lement des masses de troupes considérables à
l'intérieur de la position fortifiée;

2° Elles doivent mettre l'état-major à même
de concentrer une armée au nord ou au sud de
la forteresse gigantesque.

Les différentes places qui forment le groupe
des forteresses autour de Lille ont été reliées
entre elles par un si grand nombre de voies ferrées que leur énumération serait trop longue.
C'est ainsi qu'Arras a vu porter le nombre de
ses lignes de trois à cinq, Cambrai de deux à
sept.

Je ne m'occuperai pas du réseau des voies
ferrées qui, à l'intérieur de la France, a reçu
tout le développement qu'exigeait la stratégie.
Ce réseau permet de transporter simultanément
des masses de troupes considérables en plusieurs sens; ainsi, pour déplacer une armée, l'aile gauche de la troisième ligne de
défense (depuis Lille et les places voisines) jusqu'à l'aile droite de la seconde ligne (Dijon,
etc.,) en passant à l'ouest de Paris, l'administration militaire dispose de six lignes.

Quelque superficiel qu'ait été l'aperçu que
nous donnons des voies ferrées françaises dont
disposera l'état-major pour le transport des
troupes, il n'en permet pas moins de formuler
la conclusion suivante : la concentration des
armées dans les positions préparées d'avance et
de leurs avant-gardes dans les positions qui se
trouvent dans le voisinage immédiat de la frontière, pourra se faire avec une grande célérité;
chacun des camps fortifiés est relié directement à tous les autres et cela par plusieurs
lignes; en arrière de la première ligne de
défense on a établi des lignes de chemins de fer
spéciales dans les sections de terrain qui se
prêtent le mieux à la concentration d'armées
isolées : enfin, on a pris toutes les dispositions
afin de pouvoir faire mouvoir, aux distances
les plus grandes, des masses de troupes considérables.

Il nous paraît indispensable d'ajouter encore
quelques mots sur l'extension qu'on sera à même
de donner au transport des troupes et de leur
matériel.

Les services rendus à cet égard par les chemins de fer allemands dans les dernières grandes
guerres, ont à juste titre provoqué l'admiration
de l'Europe; mais si, dans la prochaine guerre,

nos voies ferrées devaient ne pas rendre de plus grands services encore, ce n'est pas l'admiration qu'elles provoqueraient, mais bien le blâme. L'emploi des chemins de fer comme moyen stratégique constitue une innovation grandiose. Il faudra du temps pour perfectionner ce service, mais avant tout, on devra se décider à le perfectionner, et souvent ce perfectionnement atteindra des proportions que personne n'était à même de prévoir.

Les locomotives dont on se sert actuellement sont des chefs-d'œuvre, comparées à celles qui parcouraient la plus ancienne ligne allemande, celle de Nuremberg à Fürth. La même différence existe entre les échafaudages primitifs et les misérables gares qui nous servaient jadis à embarquer et à débarquer les troupes et l'organisation technique, grandement perfectionnée, dont nous disposons actuellement et enfin, entre le nombre des trains qu'à l'avenir on mettra simultanément en marche et le chiffre de ceux qu'on expédiait jadis.

Les Français ont dépensé trente millions de francs pour disposer leurs gares et leur matériel roulant, de manière que l'embarquement, le transport et le débarquement de corps considérables puissent se faire en un laps de temps le plus court possible, sans arrêt et sans désordre. La prochaine guerre nous montrera jusqu'où pourra s'élever le rendement d'une ligne, et par conséquent son importance stratégique lorsqu'elle dispose d'un outillage aussi perfectionné.

Les côtes allemandes et françaises.

Les côtes allemandes.

La presqu'île du Jutland divise les côtes allemandes en deux parties, d'une étendue très inégale. L'existence de cette presqu'île nous oblige à mentionner dès maintenant un point que nous n'aurons à traiter que dans la seconde partie de cette étude.

La presqu'île du Jutland pourra, avec ou sans l'assentiment du Danemark, être choisie comme point de débarquement d'un corps d'armée français plus ou moins important. On a paré au danger qui en résulterait en construisant de nombreux chemins de fer conduisant dans le Schleswig, c'est-à-dire dans la partie allemande la plus septentrionale de la presqu'île appartenant à la Prusse.

Nous connaissons le chiffre exact des troupes que la France, qui, à ce moment-là, avait pour alliée la première puissance maritime du monde,

avait pu transporter en Crimée et y faire subsister péniblement. Il ne lui sera pas possible de faire
entrer dans le Schleswig un corps de débarquement sensiblement plus considérable. Pour le
successeur de Vogel de Falkenstein un corps
d'armée de ce genre s'élevant à trente mille
hommes, tout au plus à soixante mille, serait
une bonne aubaine, il le verrait arriver avec
joie, et au bout de huit jours il l'aurait, par ses
manœuvres, acculé dans un coin du pays choisi,
pour le contraindre plutôt à capituler qu'à se
rembarquer.

L'état-major français se rend tout aussi bien
compte de la chose que les officiers généraux
et supérieurs de certaines autres armées ; je
m'abstiendrai donc de m'étendre davantage sur
le Jutland et les îles danoises.

Les côtes allemandes de la mer du Nord.

Les côtes allemandes de la mer du Nord,
plates partout, s'étendent dans la direction de
l'ouest à l'est entre les embouchures de l'Ems
et de l'Elbe, sur une longueur d'environ 150 kilomètres. La côte occidentale des duchés de
l'Elbe s'étend du sud au nord et a une longueur
à peu près égale. Les deux côtes forment un

angle droit dans lequel se trouve la petite île d'Helgoland, placée sous la suzeraineté de l'Angleterre, et distante des deux d'environ 45 kilomètres.

En avant de ces côtes, longues d'à peine 300 kilomètres, s'étendent des bas-fonds formés par l'action combinée des deux rivières, de la marée et des courants de la mer ; en quelques rares endroits seulement, il y a des passages pour les navires d'un fort tirant d'eau.

L'embouchure de l'Ems forme la limite entre la Hollande et l'Allemagne. Depuis cette frontière jusqu'à la Iade, s'étend une ligne d'îles bien connues comme stations balnéaires de la mer du Nord ; elles sont distantes de la côte proprement dite de 7 à 15 kilomètres.

Les embouchures de la Iade et du Weser, sont dirigées vers le nord ; elles se réunissent sur la côte même ; l'embouchure de l'Elbe, dirigée vers le nord-ouest, est éloignée d'environ 30 kilomètres. Entre ces deux voies maritimes, s'étend l'île de Neuwerk, qui, avec ses bas-fonds, forme une langue de terre s'avançant au loin dans la mer.

En avant des côtes occidentales du Schleswig-Holstein se trouve, à la distance maxima de près de 30 kilomètres, une série d'îles (Sude-

rogg, Amrum, Sylt, etc.), qui avec leurs bancs
de vase mobile ne donnent accès aux navires
d'un fort tirant d'eau qu'en un seul endroit, à
savoir à l'embouchure de l'Eider, à environ
30 kilomètres au nord de celle de l'Elbe.

Sur la rive occidentale de la baie de la Iade,
à 30 kilomètres de l'embouchure, est situé le
port militaire de Wilhelmshaven, qui est très
bien fortifié. Sur la rive orientale du Weser
élargi, à 37 kilomètres et demi de l'embouchure,
se trouve Bremerhaven, ville en avant de laquelle, dans la direction de la mer, on a construit les batteries de côte de Brinkamahof, etc.
Sur la rive occidentale du vaste estuaire de
l'Elbe, à environ 22 kilomètres et demi, en
amont de Neuwerk se trouve Cuxhaven. Bremerhaven est une annexe de Brème, Cuxhaven
de Hambourg. Ces deux grands centres commer-
ciaux sont distants de la côte d'environ 90 kilomètres.

Pour empêcher les navires ennemis de s'ap-
procher sur n'importe quel point des côtes
allemandes de la mer du Nord, on n'a besoin
que d'enlever les signaux destinés à guider les
navigateurs; depuis que les ouvrages servant à
la défense des côtes ont été achevés, on ferait
preuve d'une témérité folle en dirigeant l'at-

taque de ce côté-là, vu le développement donné
à notre flotte et l'établissement des défenses
côtières.

En 1870, il n'y avait pas de communications
par chemin de fer le long des côtes de la Frise
et de l'Oldenbourg ; la lacune a été comblée par
l'établissement de la ligne d'Emden à Wilhelmshaven, qui passe par Norden, Esens et Iever.
Entre la Iade et l'Elbe la forme de la côte ne permet pas d'établir une voie ferrée de l'est à l'ouest,
mais des deux côtés du Weser, il y a, par rapport à Bremerhaven, des lignes stratégiques de
concentration allant jusqu'à Nordenham qui
sont pleinement suffisantes ; sur la rive gauche
de l'Elbe il y a la ligne de Hambourg à Cuxhaven.

Sur la côte du Schleswig-Holstein, on pro-
longe en ce moment les communications par
chemin de fer de la rive droite de l'Elbe par
Itzehoe, Meldorf, Husum et Tondern jusqu'à
Ribe ; des embranchements mènent aux localités de Marne, Wesselburen-Busum et Tœnning,
situées sur la côte.

Les côtés allemandes de la mer Baltique.

La configuration de la côte allemande de la Baltique, longue d'à peu près 1125 kilomètres, présente des différences extraordinaires. Dans les parties occidentales‘ c'est la plupart du temps une grève accidentée, et déchiquetée, en avant de laquelle s'aperçoivent en grand nombre des îles, qui souvent ont les formes les plus bizarres ; dans la partie orientale de la côte appartenant à l'Allemagne, la configuration est plus uniforme ; elle est remarquable par les *Haffs*, qui lui sont particuliers, et qu'y forment les fleuves à leur embouchure.

La côte orientale des duchés de l'Elbe présente un grand nombre de baies pénétrant fort loin dans l'intérieur des terres. Les principales d'entre elles sont les baies d'Apenrade, de Flensbourg, de Schleswig (la Schlei), d'Eckernfœrde, de Kiel.

La baie de Kiel forme le premier port de guerre de l'Allemagne. Elle est entourée de ce chef de vastes constructions, que l'administration de la marine y a élevées, et défendue par des ouvrages de fortification. Le canal de l'Eider, praticable

pour les bâtiments à faible tirant d'eau, dé-
bouche dans cette baie. C'est là que viendra
aboutir le canal de la mer du Nord à la **mer**
Baltique, qui est actuellement à l'étude et aura
son point de départ dans la basse Elbe. Ce canal pourra servir aux plus grands navires.

Au sud-est de Kiel nous rencontrerons les
baies de Lubeck (avec Travemuude, son annexe),
de Wismar et de Rostock (avec Warnemunde).
Puis viennent les formations bizarres produites
d'ordinaire par l'eau de la mer minant les roches
crétacées et qui fort souvent tiennent le milieu
entre les baies proprement dites et les lacs, formations qui donnent un si étrange aspect à la côte
de la Poméranie antérieure et à celle de l'île de
Rugen : le Saaler Bodden, le Grabow, la Prohner
Wiek, le Kubitzer Bodden, le grand et le petit
Jasmunder Bodden, la Tromper Wiek, la Prorer
Wiek, le Greifswalder Bodden et d'autres encore. Puis vient la *Nehrung* de l'Oder, divisée
en deux îles (celles d'Usedom et de Wollin) avec
ses trois pertuis irréguliers (la Peene, la Swine,
le Divenow), conduisant au grand et au petit
Haff, à l'extrémité sud desquels est située la
grande cité commerciale de Stettin.

Le labyrinthe de voies marines dont nous
venons de parler, avec ses débouchés et ses

passages défendus par des ouvrages de fortification est comme fait pour la petite guerre
maritime. Comme la mer Baltique n'a pas de
marée, il est d'ordinaire possible de faire un
usage très étendu et très exact de la sonde et de
tirer parti d'une manière plus certaine des
profondeurs variables de la mer; mais quand les
vents du nord-est, ou du sud-ouest soufflent
pendant longtemps d'une manière continue, le
niveau varie souvent considérablement et ces
changements se produisent fort irrégulièrement;
dès lors on est tenu de prendre de grandes précautions.

Entre l'Oder et la Vistule la côte a une configuration uniforme. Les nombreux petits cours
d'eau qui se jettent dans la Baltique n'ont pas
pu produire des modifications bien considérables
dans la côte. Ce n'est qu'à l'embouchure de la
Léba qu'il y a un *Haff* assez étendu. Sur quelques
points de cette côte, d'ailleurs plate, s'élèvent,
tout près du rivage, quelques collines dont la
hauteur atteint jusqu'à cent cinquante mètres ;
on en peut tirer parti pour y établir des stations
à signaux.

Tout près de l'embouchure de la Persante se
trouve la place forte de Colberg, que la flotte
française avait l'intention de bombarder en 1870.

Entre Rixhœft et Bruster-Ort s'étend la baie de Danzig, qui décrit un arc de cercle dans la direction du sud. C'est dans cette baie que se trouvent les embouchures de la Vistule et du Pregel. La *Nehrung* des bras occidentaux de la Vistule (la presqu'île d'Héla) forme une rade parfaitement bien abritée, la Putziger Wiek ; la *Nehrung* des bras orientaux de la Vistule et du Pregel comprend le Frische Haff ; on y entretient des communications par eau, pour des bateaux de tirant moyen, avec Elbing et et Kœnigsberg. L'entrée du Frische Haff est défendue par de forts ouvrages de côte établis à Pillau.

La ville et place de Danzig, célèbre depuis des siècles, la Venise du Nord, si intéressante à étudier, est le siège d'une des stations navales de la mer Baltique. Elle possède un port de guerre défendu par des forts établis sur la côte et accessible aux cuirassés à fort tirant d'eau ; de plus la ville est sillonnée par des canaux donnant passage aux plus grands bâtiments de la marine marchande et leur permettant d'arriver jusque dans l'intérieur de la ville. La grève du delta de la Vistule s'étend continuellement vers le nord, aussi Danzig qui, lors de sa fondation, se trouvait sur le bord même de la mer, est actuellement éloigné de huit kilomètres de la côte.

A quelques milles allemands à l'est de Brester-
Ort commence la *Nehrung* du Memel (du
Niémen), qui comprend le grand Kurische
Haff. L'entrée de ce Haff est protégée par les
ouvrages qui se trouvent sur la côte de Mémel.

Les côtes allemandes de la Baltique sont
donc fort étendues ; elles n'ont de défenses
naturelles qu'en quelques endroits et par conséquent elles sont fort exposées à être attaquées
par les flottes ennemies; aussi a-t-on, depuis
1871, complété le réseau des chemins de fer
dans ces parages, en construisant un certain
nombre de nouvelles lignes.

Sur la côte orientale du Schleswig-Holstein,
une voie ferrée va de Hadersleben par Flensbourg,
et Eckernfœrde, Kiel et Eutin jusqu'à l'extrémité
de la langue de terre en face de Fehmarn; de là
elle se continue au sud, par une ligne déjà
ancienne, jusqu'à Lubeck qui a été rattaché à
Travemunde. A l'est de Lubeck, on a complété
la ligne de Wismar par Rostock à Warnemunde
et une ligne directe a été établie de Berlin à
Stralsund, ligne qui a sa continuation dans l'île
de Rugen. Sur la ligne de Stralsund à Stettin on
a rattaché d'abord Wolgast, puis Uckermunde,
au réseau par un embranchement, et une ligne
particulièrement importante relie les deux îles

d'Usedom et de Wollin de part et d'autre avec la terre ferme et avec Stettin.

De Stettin une ligne nouvelle mène à Colberg par Treptow. Le chemin de fer longeant les côtes et allant de Colberg à Danzig par Belgard, Kœslin, Schlawe et Stolp, a reçu deux embranchements qui, depuis les deux dernières stations que nous venons de nommer, conduisent l'un à Rugenwalde, l'autre à Stolpmunde.

La partie ancienne de la ligne, celle qui de Neufahrwasser mène à Kœnigsberg par Danzig, Elbing et Braunsberg n'avait pas besoin d'être complétée, car les fortifications de Danzig et la barrière que la Vistule et le Frische Haff opposent à l'ennemi protègent suffisamment cette partie de la côte.

Dans le voisinage de Brester-Ort, Palmnicken, situé au nord-ouest de Kœnigsberg, est relié par un embranchement à la ligne qui va de Pillau à cette dernière ville ; ont été construites en outre des voies ferrées allant d'une part à Kranz, situé à l'extrémité méridionale de la Kurische Nehrung et d'autre part à Labiau ; enfin Memel a été relié par une ligne au réseau des chemins de fer.

En 1870, il n'y avait pas du tout d'ouvrages destinés à défendre les côtes ou, s'il y en avait, ils étaient bien misérables; de sorte que la flotte ennemie eût trouvé tout indiqués les points où elle aurait eu à diriger ses attaques. Depuis, on en a établi sur tous les points importants. En lieu et place des pièces de rempart, absolument impuissantes vis-à-vis des bâtiments cuirassés, on a armé ces ouvrages de grosses pièces de côte et, grâce au développement donné au service des torpilles et aux barrages établis, on sera, même sans le secours des cuirassés d'escadre, en état de résister à toutes les attaques que tenterait une flotte ennemie.

Les côtes françaises.

Les côtes françaises comprennent d'une part celles du sud, baignées par la Méditerranée, longues d'environ quatre cent cinquante kilomètres, d'autre part celles de l'Ouest et du Nord, que baigne l'océan Atlantique depuis le golfe de Biscaye jusqu'au canal de la Manche. Ces dernières sont longues de près de quinze cents kilomètres.

Sur les unes et les autres existent de longue date un nombre extraordinairement grand d'ouvrages de fortification établis sur le bord de la côte proprement dite ou sur les îles situées en avant de celle-ci. Ces ouvrages avaient été élevés, dans la Méditerranée, pour résister aux attaques des Barbaresques et, dans l'Atlantique, ils datent des guerres sur terre et sur mer très fréquentes et fort longues que se sont livrées Français et Anglais.

Au cours de ce siècle, et surtout depuis 1871, on a déclassé une partie de ces ouvrages trop anciens, les autres ont été complétés et armés comme l'exigeait le perfectionnement de l'artillerie et de la fortification modernes. La côte méridionale avec ses deux grandes places maritimes de Marseille et de Toulon est en outre protégée par des lignes continues de chemins de fer de côte, tandis que celle du nord, de beaucoup la plus étendue, n'a pas, sauf pour quelques fractions minimes, encore été munie de cette défense.

Il nous paraît superflu de donner une description détaillée des côtes françaises, d'autant plus que, tout dernièrement, un officier allemand a publié un travail dans lequel il étudie leurs défenses. Actuellement la marine allemande est encore bien trop faible en comparaison de celle de la France pour pouvoir songer à attaquer un point quelconque de ces côtes, et, d'autre part, les audacieux croiseurs allemands sauront bien opérer hors de portée des batteries de côte françaises.

Les colonies de l'Allemagne et de la France.

C'est dans des ouvrages géographiques qu'on devra étudier les colonies françaises ; ils permettront également de se faire une idée des débuts de la colonisation allemande. Je n'insisterai ici que sur un seul point, c'est qu'on ne doit pas se placer à un point de vue trop exclusif, ni faire preuve d'une trop grande étroitesse d'esprit lorsqu'il s'agit de juger les tâches nouvelles qui incombent à l'Allemagne depuis que l'Empire a été reconstitué.

Pendant des siècles, notre nation a été réduite à l'impuissance politique la plus absolue : il en est résulté que nous sommes devenus des gens un peu bornés. Nous sommes en train de changer tout cela, mais il est tout naturel qu'il nous faille du temps pour modifier notre manière de voir, et nous faire sortir du cercle habituel de nos idées. Il y a bien des braves gens encore parmi nous qui n'ont pas cessé d'être un peu endormis, et, pour ceux-là, une guerre coloniale est une idée monstrueuse ; mais les plus audacieux d'entre nous se sont fait à cette idée et, à l'occasion, on la réalisera. L'Angleterre compte parmi les plus belles de ses colonies un certain nombre de territoires où les Français l'ont précédée et ont fait le plus gros de la besogne. Si ceux-ci nous contraignent de rester leurs ennemis, nous ferons bien d'imiter les Anglais, le cas échéant.

Les matières si diverses qu'il m'a fallu traiter, la forme que j'ai choisie pour exposer mes idées — et je l'ai choisie sans me soucier de plaire ou de déplaire ni à mes compatriotes ni à nos ennemis, parce que je croyais qu'elle convenait le mieux aux lecteurs que je désirais pour mon livre ; — tout cela empêcherait peut-être le public de se rendre un compte exact du but que je poursuis en publiant la présente étude. Je vais donc nettement l'indiquer, maintenant que je suis arrivé à la fin de la première partie.

L'état de guerre permanent en deçà et au delà des Vosges n'est pas seulement préjudiciable aux intérêts matériels des deux peuples, mais il contribuera finalement en outre à les rendre ridicules tous deux. En effet, leurs intérêts, à les juger non pas par rapport à une province frontière que l'un réclame et que l'autre entend garder, mais à un point de vue plus élevé, leurs intérêts, dis-je, sont semblables presque ne tout point et dès lors les deux nations, dans toute crise européenne ou même dans toute crise quelconque, se nuiront à elles-mêmes à cause du différend qui les sépare. Il y a là bon nombre *de tertii gaudentes* qui rient tout bas pour le moment ; ils hausseront les épaules et nous mépriseront si cela continue.

Tous les jours, de part et d'autre, un plus grand nombre d'hommes sentent la vague nécessité d'en finir ; en France, ce sentiment se confond avec la pensée de la revanche, la guerre devient inévitable, cette guerre, que des millions de Français pleins du plus noble esprit de sacrifice ont contribué à préparer ; elle deviendra inévitable si même les plus téméraires ne sont pas amenés à comprendre que leur défaite est assurée. Pour que la paix dure, il faut que l'armée allemande reste forte. Peut-être que, dans la suite des temps, il y aura entre les deux nations un compromis basé sur des sentiments plus nobles et plus dignes.

Dans ce livre, j'essaye de juger sans partialité aucune l'organisation donnée à l'armée française en vue de la prochaine guerre. Je suis tout aussi éloigné de ressentir pour elle un injuste dédain que de la crainte.

L'empire d'Allemagne reconstitué est, de par son histoire et de par sa position géographique, destiné à avoir pour longtemps plus d'ennemis que d'amis ; ce n'est qu'en restant armé jusqu'aux dents qu'il pourra maintenir sa situation, c'est-à-dire qu'il pourra garantir l'indépendance germanique. Les voisins auront beau entonner les hymnes de paix du septennat ; ils ne convertiront aucun de ceux qui voient clair.

Donc, Allemands, mes frères, que vous veuillez la paix ou la guerre, tenez-vous-en au vieil adage :

PARA BELLUM.

TABLE DES MATIÈRES

II

III

IV

V

Corbeil — Imprimerie B. RENAUDET